재능을 만드는 뇌신경 연결의 비밀

**재능을 만드는
뇌신경 연결의 비밀**

2017년  8월 20일 초판 1쇄 발행
2024년 11월  5일 초판 4쇄 발행

지은이 | 신동선
펴낸이 | 이병일
펴낸곳 | **더메이커**
전  화 | 031-973-8302
팩  스 | 0504-178-8302
이메일 | tmakerpub@hanmail.net
등  록 | 제 2015-000148호(2015년 7월 15일)

ISBN | 979-11-87809-12-8   03190
ⓒ 신동선

이 책은 저작권법에 따라 보호받는 저작물이므로 무단전재와 무단복제를 금지하며
이 책 내용의 전부 또는 일부를 이용하려면 반드시 저작권자와 더메이커의 서면 동의를 받아야 합니다.
잘못된 책은 구입한 곳에서 바꾸어 드립니다.

연결을 만드는 진짜 반복의 힘

# 재능을 만드는 뇌신경 연결의 비밀

| 신동선 지음 |

더메이커

이 책을 추천해주신 분들

신동선 작가는 매일, 꾸준히, 자주, 즐겁게 반복하면 뇌신경이 연결된다고 말합니다. 아이가 지금 무언가 매일, 꾸준히, 자주, 즐겁게 반복하며 논다면, 아이는 뇌신경연결을 만들고 있는 것입니다. 즉, 재능을 키우고 있는 것입니다. 아이의 재능을 키우고자 하는 부모, 교사에게 일독을 권합니다.

_김진방(《아이가 답이다》 저자, 창의미술 원장)

크랩아카데미를 통해 선생님과의 인연은 시작되었다. 그곳에서 뇌신경연결의 팁을 배우고 익혔다. 아직은 모두 소화하지 못했지만, 끊임없이 머릿속에 맴도는 것이 있기는 하다. 여러 번 반복했기에 머릿속에 잔상이 만들어진 것이다. 경험을 이해하고, 머릿속에 남는 진짜 실력을 만들기 위해서는 진짜 반복을 해야 한다. 이 책을 통해 진짜 실력을 만들기를 바란다.

_김규태(대학생)

오랫동안 교육컨설팅을 하면서 재능 있는 아이와 끈기가 있는 아이 중 누가 성공을 하는지 지켜봐 왔다. 대부분 끈기 있는 아이였다. 신동선 박사님의 강의를 듣고 왜 반복이 중요한지, 그렇다면 그 반복을 어떻게 해야 하는지 명쾌하게 이해할 수 있었다. 교육컨설팅 업무에 도움을 얻고자 수강하였지만, 내 삶을 바꾸고 자녀에게까지 물려줄 지식을 얻게 되었다.

_정원돈(인사이트 유학컨설팅 원장)

'내가 원하고 이루고 싶은 일을 어떻게 이룰 수 있을까?' 이를 뇌과학 측면에서 알고 싶었다. 선생님의 강의를 통해, 목표를 정하고 세부 목표로 나눠서 즐겁게 반복적으로 실행하면 모든 것을 이룰 수 있다는 것을 알게 되었다. 크랩은 천재를 이길 수 있다고 말한다. 나는 이를 믿는다. 선생님의 강의 덕분에 나는 나를 믿고, 기대를 품게 되었다.

_배광현(증권사 직원)

신동선 박사님의 강의는 뇌를 쓰는 방법을 알려준다. 이 책은 강의의 핵심인 뇌신경연결 방법을 다루고 있다. 뇌를 모르고 어찌 교육을 말할 수 있을까? 이 책을 읽는 것이야말로 아이를 위한 값진 투자라 할 수 있다.

_신상원(디자이너)

신동선 박사님은 명상이든, 사업이든, 예술이든 대가가 되기 위해서는 꾸준히 반복할 수 있는 마음 상태를 만들어야 한다고 말한다. 나아가 뇌신경연결을 만들 수 있어야 한다고 말한다. 어릴 때부터 이러한 지식과 지혜를 삶에 적용하면 어떻게 될까? 끈기와 뚝심으로 다양한 분야에서 훌륭한 업적을 남기는 사람이 될 것이다.

_김의태(명상쟁이)

자기계발 분야에서 공통으로 강조하는 것은 '반복'이다. 그런데 '왜 반복해야 하는가?', '어떻게 반복해야 하는가?'에 대한 명쾌한 설명을 본 적은 없다. 이 책은 당신의 무의미한 반복에 진정한 의미와 강력한 동기를 선사할 것이다.

_송재영(웹개발 전문가)

신동선 선생님을 만나 지금까지 몰랐던 뇌의 활용법, 신경의 흐름 등을 알게 되었다. 그러면서 내 삶이 많이 바뀌게 되었다. 신동선 선생님께 감사드린다.

_노평일(마케팅 전문가)

반복이 중요하다는 것은 누구나 아는 사실이다. 하지만 작은 시스템 조각으로 만들어 반복한다는 생각은 해본 적이 없을 것이다. 강의를 듣고 나만의 시스템을 만들어 시도해보니 책 읽는 속도가 눈에 띄게 빨라졌다. 나뿐만 아니라 누구나 가능하다고 생각한다.

_이상구(인터넷몰 대표)

반복과 기록의 힘을 알고 있나요? 이것만 제대로 알고, 자기조절이 가능하면 무엇이든 가능하죠. 무엇을 이루고 성취하고 싶은가요? 그럼 이 책을 집어 드세요. 좋은 선택을 하신 겁니다.

_신현정(아이수트 대표)

나는 강의 마니아지만, 아무리 좋은 강의라도 다시 듣지는 않는다. 그러나 크랩 아카데미 강의만큼은 수십 번을 들었다. 늘 새롭기 때문이다. 크랩 아카데미에서는 목표를 빠르고 완벽하게 마무리할 방법을 강의한다. 크랩 아카데미를 통해 출간된 이 책 또한 그 놀라운 기적을 모두에게 일으킬 거라고 확신한다.

_김형래(강의 매니아)

크랩 아카데미 강의를 들으며 못 할 게 없다는 생각을 하게 됐다. 그리고 자율, 목적, 몰입의 힘을 느끼게 됐다. 이를 통해 게임처럼 자신의 삶을 기획하고 성취함으로써 행복을 느끼고 한 단계 성장할 수 있었다.

_김형조(삼성전자)

크랩아카데미를 알고 제대로 된 반복과 피드백의 원리를 깨달았다. 얼마 전에 시작한 탁구에 적용해 보았고, 지금은 몇 년 배운 분들을 앞서고 있다. 무엇이 이런 차이를 만들었을까? 나는 이것이 제대로 된 반복의 위력이라고 생각한다. 지금이라도 뇌의 속성을 알고 삶에 적용할 수 있게 된 것을 행운이라 생각한다.

_최의림(디자이너)

프롤로그: 연결을 시작하며

재능, 참 탐나는 단어입니다.

많은 이들이 쫓고, 추구하고, 때로는 탓하고, 좌절합니다. 그런데 재능은 무엇일까요? 유전자? 환경? 타고남? 노력? 뭐라고 꼬집어 말하기 힘듭니다.

저도 재능이 탐납니다. 그래서 이에 대해 많이 고민했습니다. 그리고 작지만 뚜렷한 결론에 이르렀습니다. 재능은 유전자, 환경, 타고남, 노력 등이 마구 엉켜 있는 복잡다단한 머릿속 결과물입니다. 그래서 결론은 무엇일까요? 재능은 '뇌신경연결의 상태'라는 것입니다.

이 책은 뇌신경연결에 대한 이야기입니다. 뇌신경연결이 무엇인지, 왜 중요한지, 어떻게 만들 수 있는지에 대한 이야기입니다. 우리가 원하는 뇌신경연결을 만들기 위한 구체적 방법은 무엇인지, 이러한 과학 지식을 실생활에 어떻게 적용할 것인지에 대한 이야기입니다. 그리고 이 모든 이야기의 중심에 있는 '반복'에 대한 이야기입니다.

'반복'
잘 알면서도 실천하기 어려운 일입니다.
하지만 더 깊게 알고, 더 고민해야 합니다.
더 깊게 고민할수록, 참된 가치를 명확하게 깨달을 수 있습니다.

'반복'
어떻게 반복하고, 어떻게 유지할지 명확하게 알아야 합니다.
결과를 만들어내는, 뇌신경연결을 만드는 진짜 반복을 알아야 합니다.
반복에 대한 명확한 이해는 반복횟수를 줄여줍니다.

책은 다섯 부분으로 나눕니다.

첫 번째 부분에서는 뇌신경, 연결, 조합에 대해 이야기합니다. 우리의 머릿속은 단순한 뇌신경 모음이 아닙니다. 뇌신경은 서로 연결되어 기능합니다. 그리고 서로 조합을 만들어서 다양한 기능을 담당합니다. 또한, 모듈의 개념을 명확하게 이해하도록 합니다. 각각이며 전체이고, 서로 얽히고설키는 뇌신경연결의 개념을 이야기합니다.

두 번째 부분에서는 뇌신경연결에 대한 생물학적 기전을 이야기합니다. 작은 신경세포의 핵 속에 일어나는 미시적 세계에 대하여 말합니다. 또한, '크랩'이라는 단백질에 관해 이야기합니다. 이를 통해 우리의 뇌신경연결이 어떻게 이루어지는지를 정확하게 이해하게 됩니다. 그리고 단기기억, 장기기억, 자동기억에 대한 개념을 알게 됩니다. 이러한 과정을 명확하게 이해하면 '반복'의 가치를 명확하게 이해할 수 있습니다.

세 번째 부분에서는 어떻게 반복해야 효과적으로 뇌신경연결을 이룰 수 있는지를 말합니다. 뇌신경연결을 만들기 위해 반드시 지켜야 할 몇 가지 중요한 팁을 이해하게 됩니다.

네 번째 부분에서는 뇌신경연결조합을 타겟팅하여 연결하는 방법을 말합니다. 때로는 목표하지 않는 엉뚱한 뇌신경연결조합을 만들고 있을 수 있습니다. 목표하는 뇌신경연결을 만들어야 합니다. 목표를 향한 가장 효과적으로 증명된 뇌신경연결 방법을 소개합니다.

다섯 번째 부분에서는 뇌신경연결조합 만들기에 대한 실례를 몇 가지 소개하고 있습니다. 뇌신경연결 이론을 자신에게 실용적으로 적용할 수 있도록 돕습니다.


뇌신경연결의 세계 속에서는 모든 순간이 의미를 남깁니다.

뇌신경연결의 세계 속에서는 모든 순간이 자취를 남깁니다.

무의미해 보이는 순간에도 어떻게든 의미와 자취를 남기는 것이 뇌신경연결의 세계입니다.

어렵고, 힘들고, 답답한가요?

어디를 향하고 어떻게 헤쳐 나갈지 막막한가요?

뇌신경연결의 세계가 답을 드릴 것입니다.

뇌신경연결의 과학은 그저 과학지식으로만 남아있기에는 너무도 소중한 우리의 지적자산입니다. 바르게 익히고 공부하면 삶을 한층 풍요롭게 하기 때문입니다.

공허한 반복은 이제 그만입니다.

가짜 반복, 헛된 반복이 아닌 진짜 반복을 해야 합니다.

진짜 반복은 뇌신경 DNA를 깨웁니다.

머릿속 뇌신경연결을 만드는 진짜 반복, 재능을 만드는 시크릿입니다.

'뇌신경연결의 세계'로 초대합니다.

**차 례**

이 책을 추천해주신 분들 _4
프롤로그: 연결을 시작하며 _9

### PART 1 --- '뇌신경, 연결, 조합'이란 무엇인가

01 언어 재능이 사라진 소녀, 첼로 실력이 사라진 천재 _19
02 뇌신경, 연결, 조합에 주목하라 _26
03 뇌신경연결조합이란 무엇인가 _31
04 머릿속 작은 블록 쌓기 _36
05 재능은 뇌신경연결조합(모듈)의 상태이다 _46
06 왜 뇌신경연결조합을 알아야 하는가 _51
[ 크랩아카데미 1 ] 뇌가소성, 반복이 핵심이다 _57

### PART 2 --- 왜 결국 반복이 답인가

01 뇌신경연결조합 만들기 _67
02 쓰면 연결된다 _72
03 단기기억, 장기기억 그리고 자동기억 _75
04 단기기억은 어떻게 장기기억이 되는가 _78
05 장기기억은 어떻게 자동기억이 되는가 _81
06 반복이 만드는 뇌신경 속 물질, 크랩! _83
[ 크랩아카데미 2 ] 운동은 어떻게 뇌를 바꾸는가 _88

## PART 3 --- '어떻게' 반복해야 하는가

| | |
|---|---:|
| 01 '어떻게' 반복해야 하는가 | _95 |
| 02 바다 달팽이 훈련하기 | _104 |
| 03 상상은 머릿속 실제자극이다 | _112 |
| 04 매일, 자주, 꾸준히, 그리고 즐겁게 | _116 |
| 05 '같은 반복'을 '다른 결과'로 만드는 비밀 레시피 | _123 |
| [ 크랩아카데미 3 ] '1만 시간의 법칙' 다시 보기 | _129 |

## PART 4 --- 무엇을 반복해야 하는가

| | |
|---|---:|
| 01 '신중하게 계획된 연습' 그리고 '뇌신경연결조합' | _135 |
| 02 약점, 연결해야 할 뇌신경은 무엇인가 | _142 |
| [ 크랩아카데미 4 ] 왜 한 놈인가 | _149 |
| 03 피드백 : 연결할 뇌신경이 정확히 자극되고 있는가 | _153 |
| 04 반복 : 뇌신경이 연결되는가 | _160 |
| 05 시스템 만들기 | _170 |

## PART 5 --- 뇌신경연결, 실제에 적용하기

01 뇌신경연결, 실제에 적용하기 (intro)     _177

02 영어, 나도 모르게 듣고 말하는 뇌신경연결 만들기     _179

**[ 크랩아카데미 5 ] 수학, 사고력을 위한 최고의 시스템**     _188

03 골프, 아주 작은 목표를 잡아 자동기억을 만든다     _194

에필로그: 연결을 마치며     _202

감사의 글     _207

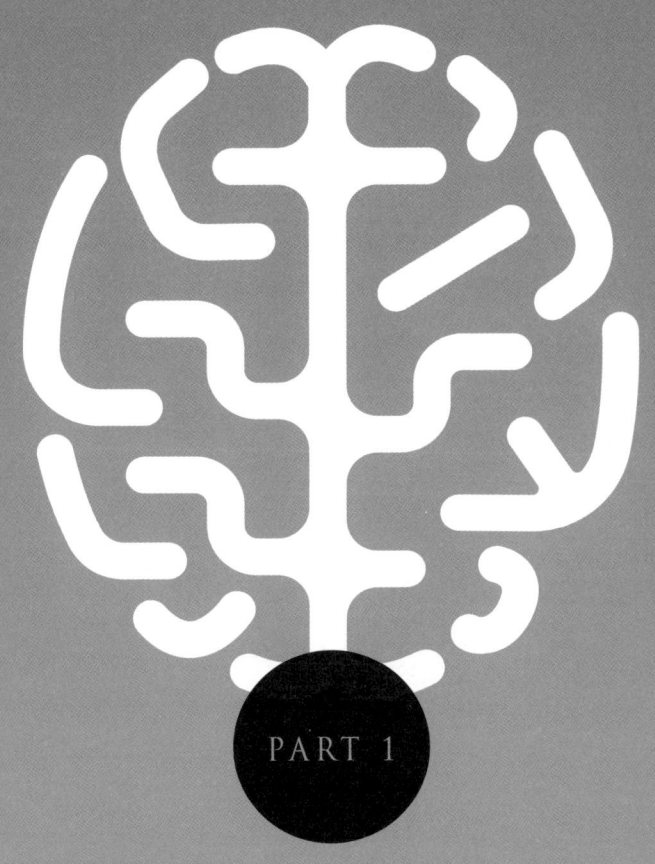

PART 1

# '뇌신경, 연결, 조합'이란 무엇인가

이처럼 뇌신경연결이 파괴되면 우리의 소중한 재능도 파괴됩니다.
내 머릿속 뇌신경연결은 '나'를 '나'이도록 만드는 핵심입니다. 뇌신경이 서로 연결되며 작용한 결과가 지금의 나인 것입니다. 따라서 뇌신경연결이 손상되면 그만큼 나의 자아도 손상됩니다.

# 01
# 언어 재능이 사라진 소녀,
# 첼로 실력이 사라진 천재

## 언어 재능이 사라진 소녀

전공의 시절에 만난 한 환자의 이야기입니다. 3년차 때, 고열과 경련 후에 말을 하지 못하게 됐다는 17세의 고등학생이 입원했습니다. 교수님은 바로 MRI 촬영을 지시했고, 좌측에 뇌경색 소견이 발견되었습니다.

언어를 담당하는 영역은 뇌의 좌측에 있는데, 뇌경색이 언어 영역을 망가뜨려서 말을 하지 못하게 된 것입니다. 20세 미만의 젊은 사람에게 뇌경색이 일어나는 일은 매우 드문 일이라서 뇌경색을 일으킬 만한 특이한 원인이 있는지를 검사했습니다. 환자는 유전자에 이상이 있어서 세포의 에너지대사에 문제가 있었던 것입니다.

검사 후에 환자는 퇴원했고, 외래에서 추적 관찰했습니다. 환자의 언어 능력은 수개월에 걸쳐 조금씩 회복해가는 양상을 보였습니다. 그러다가 약 6개월 뒤, 다시 고열을 겪은 후에 언어 능력에 이상이 생겼다며 재입원했습니다. 환자는 말은 할 수 있었고 다른 사람이 하는 말을 들을 수는 있었지만, 말을 이해하지는 못했습니다. 환자는 개가 짖는 소리, 배 소리, 전화기 소리, 바람 소리 등의 소리를 구분해내는 것은 가능했습니다. 다만 사람의 말소리만은 언어적으로 해독해내지 못하는 상태였습니다.

그 환자는 저의 입모양을 보고 저와 의사소통을 했습니다. 제가 "오른쪽 손을 들어보세요."라고 말을 하면 소리를 들어 알아듣지는 못하고 제 입 모양을 보고 "오른손을 들라구요?" 하고 되묻는 식으로 저와 의사소통을 했습니다.

교수님은 순수어농이라는 진단을 내렸습니다. 즉, 소리는 들을 수 있지만 순수하게 언어적인 소리를 이해하지 못하는 상태였습니다.

```
E         M          A              W
귀  →   뇌간  →   듣기 영역 →  비 소리, 음악 소리 해독 영역
                            ↘ 언어 해독 영역
```

소리는 1차적으로 귀로 듣지만 결국은 뇌로 듣는다고 할 수 있습니다. 두 귀로 들어온 정보는 다양한 경로(뇌간(M), 듣기 영역(A))를 거쳐 좌측 뇌에 있는 언어 해독 영역(W)까지 연결됩니다. 귀에 입력된 신호가 뇌의 언어 영역에 정확하게 입력될 때 말의 의미를 알아들을 수 있는 것입니다.

그러나 앞에서 소개한 환자는 첫 번째 뇌경색이 왼쪽 뇌에서 발생하여 듣기 영역(A)에서 언어 영역(W)으로의 신경 연결이 손상됐습니다. 그러다 오른쪽 뇌의 듣기 영역에서 언어 영역으로 가는 신경 연결은 회복되었습니다. 하지만 얼마 안 가 오른쪽 뇌에서 다시 뇌경색이 발생하여 듣기 영역에서 언어 영역으로 가는 신경 연결에 손상이 발생했습니다.

M : 뇌간 영역
A : 듣기 영역
W : 언어 해독 영역

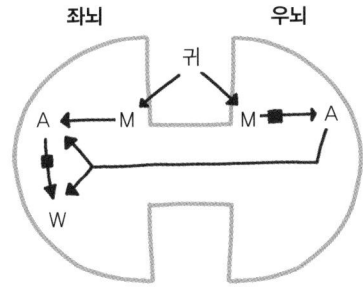

신경 연결이 손상되면 관련된 능력도 손상됩니다. 말소리 해독에 대한 뇌신경연결이 망가지면서 말소리는 들을 수 있어도 말소리를 말로 해독할 수 없게 되는 것입니다. 아마도 앞의 환자에게는 우리가 던진 말들이 낯선 외국어처럼 들렸을 것입니다. 하지만 언어적 소리 이외의 해독 능력은 손상되지 않았기에 여러 가지 소리의 구분은 가능했던 것입니다.

## 천부적인 첼로 실력은 어디로 사라진 것일까

자클린 뒤 프레(Jacqueline Du Pre)는 천재적 재능과 비극적 삶으로 유명한 영국의 첼리스트입니다. 그녀는 불과 다섯 살에 런던 첼로 스쿨에 입학하였고, 스무 살에는 유럽 음악계를 쥐락펴락하는 수준으로 성장합니다. 그녀의 연주는 때로는 박력 있고, 때로는 애절한 감정을 잘 살려내 "첼로 음색을 가장 잘 표현한다."라는 호평을 받으며 성장해나갑니다.

그런데 그녀의 인생에 한 남자가 끼어듭니다. 바로 '다이엘 바렌보임(Daniel Barenboim)'이라는 유대계 신예 지휘자입니다. 그녀는 다이엘과 사랑에 빠집니다. 가족들은 이름도 생소한 신예 지휘자와의 교제를 두 손 들어 반대하지만 두 사람은 결국 결혼에 성공합니다. 당시 음악계는 이들의 사랑을 음악계에서 가장 유명한 러브스토리인 '슈만과 클라라의 사랑'에 비유하며 축하합니다. 그리고 둘은 함께 유럽 전역을 돌며 연주를 하며 행복한 나날을 보냅니다.

하지만 이러한 행복도 잠시, 이들 앞에 짙은 비극의 그림자가 드리웁니다. 자클린 뒤 프레의 몸에 이상신호가 찾아온 것입니다. 현을 잡은 손에 힘이 들어가지 않고, 악보가 잘 보이지 않고, 때로는 쓰러지기도 하는 등의 증상이 생긴 것입니다. 비평가들은 결혼하고 인기와 명성을 얻더니 연주를 게을리 한다며 비난을 쏟아내기 시작합니다.

그녀는 첼로를 놓지 않으려 안간힘을 썼지만 병세는 조금씩 더해갑니다. 결국 음악 생활을 중단해야 하는 순간에 이릅니다. 이렇게 운명이 그녀에게 등을 돌리는 순간, 사랑하는 남편마저 그녀를 배신합니다. 러시아의 한 피아니스트와 바람이 나서 그녀를 떠나간 것입니다. 홀로 남겨진 그녀는 아직 한창인 42세의 나이에 한 요양원에서 영화 같은 생을 마감합니다.

## 뇌신경연결이 파괴되면 재능도 파괴된다

그런데 그녀의 천부적인 첼로 실력은 왜, 어디로, 어떻게 사라져버린 걸까요? 그녀의 병명은 다발성경화증이었습니다. 뇌신경의

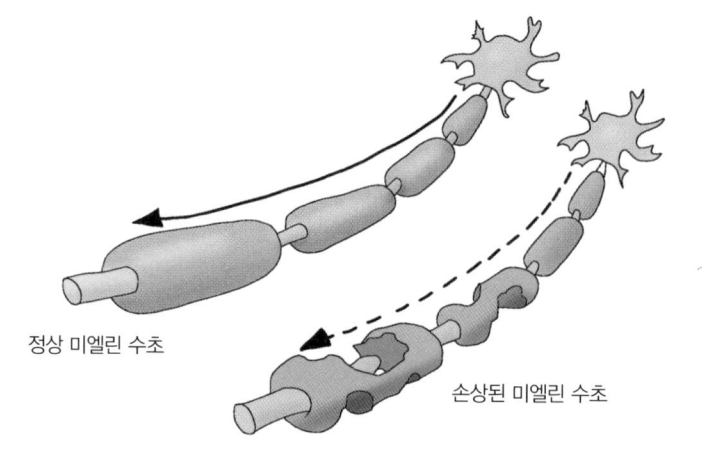

정상 미엘린 수초

손상된 미엘린 수초

**다발성경화증**

연결을 감싸고 있는 '미엘린'이라는 세포구조가 손상되는 병입니다. '미엘린'은 뇌 속의 신경섬유를 감싸고 있습니다. 마치 전선의 피복과 비슷한 기능을 합니다. 미엘린은 뇌신경의 신경 신호 누수를 방지하고 신호 전달 속도를 수십 배 증폭하는 역할을 합니다. 다발성경화증은 외부 병균에 대한 방어시스템인 면역세포가 미엘린을 착각하여 일으키는 병입니다. 면역세포가 '미엘린'을 외부의

병균으로 착각해서 공격하고 '미엘린'이 결국 조금씩 파괴되어 갑니다. 그녀가 수십 년간 애써 만들어놓은 첼로 재능은 '미엘린'이 파괴되며 함께 사라져갔습니다.

이처럼 뇌신경연결이 파괴되면 우리의 소중한 재능도 파괴됩니다.

내 머릿속 뇌신경연결은 '나'를 '나'이도록 만드는 핵심입니다. 뇌신경이 서로 연결되며 작용한 결과가 지금의 나인 것입니다. 따라서 뇌신경연결이 손상되면 그만큼 나의 자아도 손상됩니다.

언어해독 신경연결이 손상되면 우리는 말소리를 해독할 수 없습니다. 손가락을 움직이는 뇌신경연결이 손상되면 손가락을 움직이기 어려워집니다. 이처럼 몸과 뇌, 정신과 뇌, 재능과 뇌는 함께 이어져 있습니다. 뇌신경이 서로서로 연결되어 몸을 움직이고, 재능을 만듭니다.


다시 한 번 강조합니다.

뇌신경연결 상태가 우리의 자아입니다.

# 02
# 뇌신경, 연결, 조합에 주목하라

재능은 어디에 있을까요? 무엇이 재능인가요? 사실 우리 몸은 하나하나 모두 재능이라 부를 수 있습니다. 팔이 있는 것도, 다섯 손가락이 있어서 키보드를 누를 수 있는 것도, 눈이 있어서 화면을 바라볼 수 있는 것도 모두 재능입니다.

## 뇌신경은 연결되어 팀 활동을 한다

여기에서는 범위를 조금 줄여서 뇌의 기능으로 재능을 바라보도록 하겠습니다. 재능은 뇌신경이 만듭니다. 뇌신경은 밤하늘의 별만큼 많습니다. 하지만 뇌신경은 밤하늘의 별처럼 멀리 홀로 떨어져 있지는 않습니다. 뇌신경이 홀로 있을 때는 아무런 힘이 없습니다. 다른 뇌신경과 함께 연결되어서야 다양한 기능을 발휘합니다. 즉, 뇌신경은 연결되어 팀 활동을 합니다.

뇌신경은 연결되며 기능을 발휘합니다. 뇌신경이 홀로 있을 때는 어떠한 기능도 할 수 없습니다. 연결되어 다양한 조합을 이룰 때 비로소 의미 있게 됩니다.

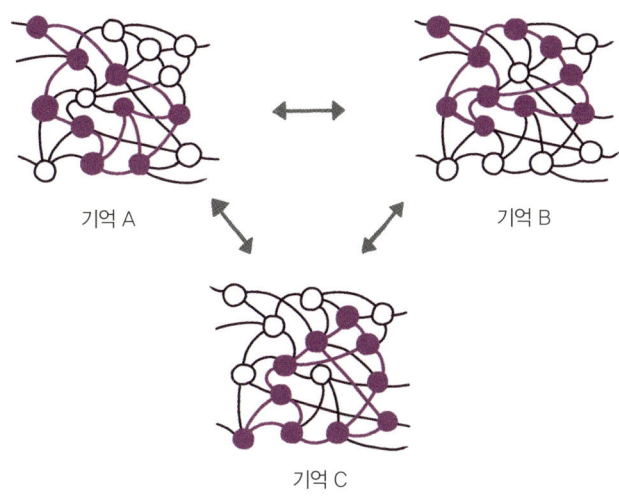

앞의 그림에서 기억A와 기억B, 기억C는 같은 뇌신경군(群)의 뇌세포를 연결한 것입니다. 같은 세포군에서 각각의 세포는 서로

다른 조합을 이루어 각각의 서로 다른 기억이 되었습니다. 이처럼 하나의 세포는 여러 조합으로 돌려쓰는 것이 가능합니다. 하나의 세포는 다양한 조합으로 여러 가지 기능을 합니다. 뇌신경연결조합은 다양하게 서로 조합되어 머릿속 기능을 합니다.

핸드폰을 처음 켜면 비밀번호 설정 화면이 나옵니다. 번호 0부터 9까지 열 개의 수는 다양한 조합으로 수많은 비밀번호를 만들어낼 수 있습니다. 머릿속 신경세포들도 이처럼 일을 합니다. 같은 세포를 다양하게 조합하여 다양한 기능, 재능을 만들어내는 것이죠. 머릿속 신경세포가 밤하늘의 별만큼 많기 때문에, 머릿속 신경세포가 만들어내는 재능의 조합은 밤하늘의 별이 서로 연결되는 수만큼 경우의 수는 폭발적으로 증가합니다. 몹시 몹시 몹시, 아주 아주 아주 많은 경우의 수를 만듭니다.

뇌신경은 서로 연결되면서 일합니다. 그리고 그 연결은 몹시 다양하게 조합되어 다양한 기억, 다양한 재능을 만들어냅니다. 앞에서 소개한 말소리를 이해하지 못했던 소녀는 언어 해독 부분의 뇌신경연결조합에 문제가 있었던 것입니다. 제가 지금 글을 쓰고 있는 것도 다양한 뇌신경연결조합이 만들어낸 재능입니다. 머릿속 아이디어가 발화(發火)되고, 이야기로 풀어내는 언어 영역이 발화되고, 이를 손가락을 움직이는 영역이 발화되어 글쓰기라는 재능이 만들어진 것입니다.

### 재능은 '뇌신경, 연결, 조합'이다

재능이나 기억은 '뇌신경', '연결', '조합'입니다. 즉 재능이란 '뇌신경'이 모여 '연결'을 이루고 다양한 '조합'을 만들어낸 상태입니다.

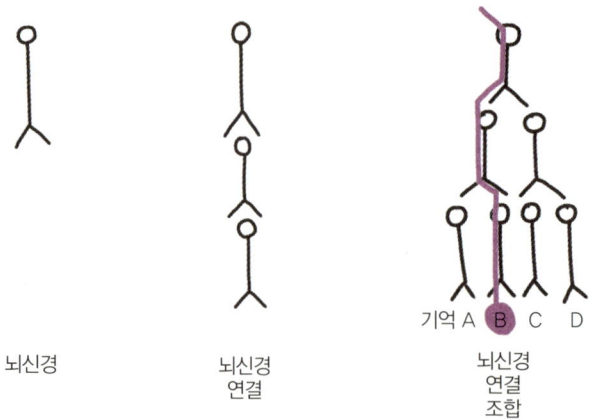

뇌신경     뇌신경 연결     뇌신경 연결 조합

하나의 세포, 또는 하나의 세포들의 조합은 다른 재능, 기억의 일부가 될 수도 있습니다. 서로 다양하게 조합되면서 서로의 영역은 겹치기도 하고, 더 큰 기능의 일부가 되기도 하면서 복잡다단한 양상을 보입니다.

# 03
# 뇌신경연결조합이란 무엇인가

뇌신경연결조합을 이해하기 위해 몇 개의 문제를 풀어보도록 하겠습니다. 문제를 풀기 위해 고민하다 보면 이해력이 깊어질 수 있기 때문입니다. 문제의 난이도는 조금씩 올라갑니다.

### C를 찾아라

문제의 제목은 'C를 찾아라'입니다. 재능A와 B는 서로 겹치는 세포가 많습니다. 즉 공유하는 뇌신경연결조합이 많습니다. 이에

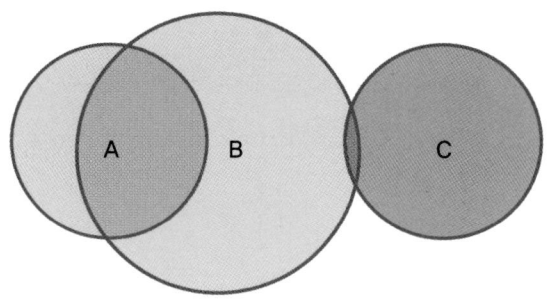

비해 재능C는 재능A, B와 거의 겹치지 않습니다. 즉 뇌신경연결 조합이 독립적입니다. 자, 다음에서 재능C는 무엇일까요? (바로 답하지 말고 한 번 더 생각하고 답해주세요.)


### [문제1] 축구, 족구, 야구

[문제1]은 야구가 답입니다. 축구와 족구는 발을 이용하는 운동으로, 뇌 영역에서 서로 많은 부분을 공유합니다. 야구는 발보다는 손을 주로 이용하기 때문에 공유하는 부분이 적습니다.


### [문제2] 탁구, 테니스, 축구

[문제2]는 축구가 답입니다. 탁구, 테니스는 많은 기술이 서로 겹칩니다. 드라이브라는 기술, 슬라이스라는 기술 등이 그렇습니

다. 채와 팔을 이용하기에 많은 부분 겹칩니다. 하지만 축구는 발 기술을 주로 이용하기 때문에 탁구, 테니스와 겹치는 기술이 상대적으로 적습니다.

### [문제3] 영어, 축구, 테니스

[문제3]은 영어가 답입니다. 축구와 테니스는 몸을 이용하여 달리고 움직이는 영역을 사용하므로 영어라는 언어 영역보다는 서로 겹치는 영역이 많습니다.

### [문제4] 탁구, 수학, 퍼즐

[문제4]는 탁구가 답입니다. 수학과 퍼즐은 논리 영역을 함께 사용합니다. 탁구는 수학과 퍼즐을 할 때 사용하는 뇌 영역, 즉 논리 영역을 많이 사용하지는 않습니다.

### [문제5] 국어, 영어, 수학

[문제5]는 수학이 답일까요? 아니면 영어? 답은 '없다'입니다.

국어와 영어는 뇌의 언어 영역을 함께 공유합니다. 하지만 국어, 수학 또한 뇌의 논리 영역을 상당 부분을 공유합니다. 말은 언어 영역만을 사용하는 것이 아닙니다. 논리적 맥락이 함께 기능을 해야 말을 잘할 수 있습니다.

### [문제6] 사고력, 수학, 퍼즐

[문제6] 또한 '답이 없다'가 답입니다. 사고력, 수학, 퍼즐은 서로 적당한 수준의 뇌의 논리 영역을 함께 사용합니다. 수학을 열심히 하면 논리 영역이 발달하고 결과적으로 사고력이 탄탄해지며, 처음 보는 퍼즐도 더 잘 풀 수 있습니다.

## 하워드 가드너가 말한 일곱 가지 지능

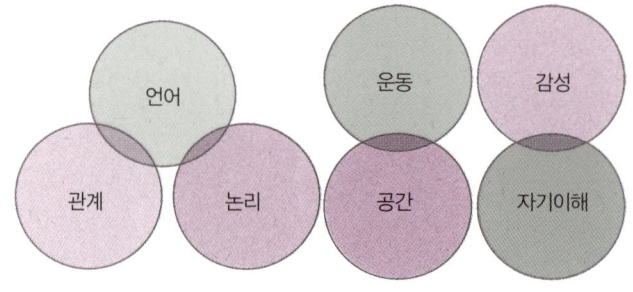

다중지능이라는 개념을 처음 이야기한 하워드 가드너는 일곱 가지 지능 영역을 말했습니다. 바로 언어지능, 운동지능, 감성지능, 공간지능, 논리지능, 관계지능, 자기이해지능입니다.

지능을 일곱 가지 영역으로 나누었다는 것은 다른 말로 하면 앞의 그림에서처럼 이들 일곱 가지 지능은 '서로 겹치는 영역이 적다'라는 것입니다. 언어 능력이 뛰어나다고 해서 운동 능력이 뛰어난 것은 아니라는 것이죠. 한편으로는 운동 기능의 경우는 종목이 달라도 서로 많은 부분이 겹친다는 의미이기도 합니다. 우리는 '운동신경'이라는 말을 많이 합니다. 한 가지 운동을 잘할 경우, 다른 운동도 잘하는 경우가 많습니다. 우리는 이때 '운동신경이 좋다'고 표현합니다. 한 가지 운동에 사용된 뇌신경 운동 영역은 다른 운동에 필요한 뇌신경 영역과 일정 부분 공유하기 때문입니다.

이처럼 뇌신경연결은 서로 겹치기도 하고 서로 독립하기도 합니다.

## 04
# 머릿속 작은 블록 쌓기

**재능은 작은 블록으로 이루어져 있다**

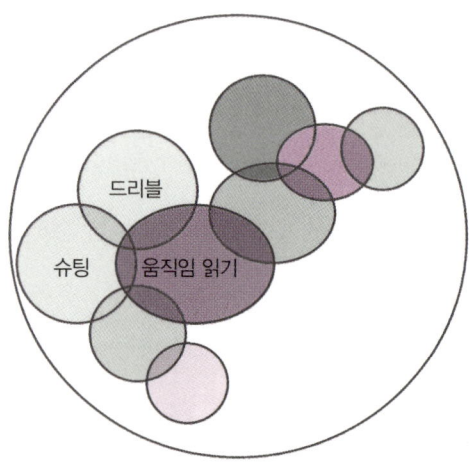

축구 재능 블록

축구 실력은 공을 다루는 발 실력, 공간을 파고드는 드리블 실력, 공을 정확하고 세게 차는 슈팅 실력, 상대의 움직임을 읽는 능력 등의 작은 블록으로 이루어져 있습니다. 이 블록들은 서로 겹치기도 하고 서로 독립적이기도 합니다. 각개의 작은 블록이 모여 축구 실력이라는 재능을 형성합니다.

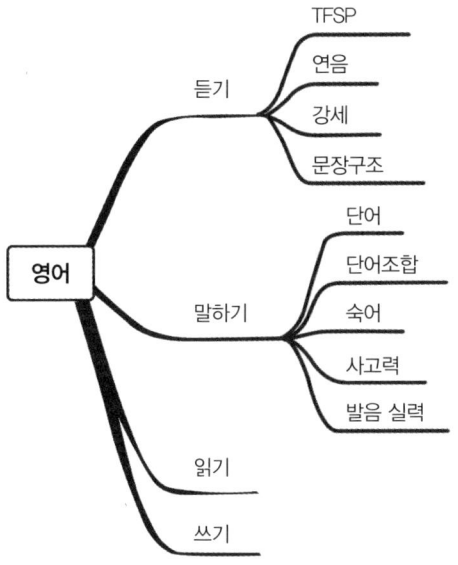

영어 실력은 듣고, 말하고, 읽고, 쓰는 능력입니다. 듣는 실력의 블록은 T, F, S, P, 연음, 강세 등의 음 영역 블록으로 이루어져 있습니다. 또 문장 구조에 대한 실력이 듣기 실력의 한 구성요소입니다. 말하기는 단어의 조합 능력, 단어 실력, 숙어 실력, 사고

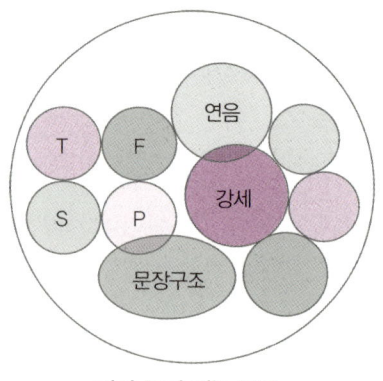

**영어 듣기 재능 블록**

력, 발음 실력 등으로 이루어져 있습니다. 읽고, 쓰는 능력은 듣기나 말하기 능력의 블록을 이용하고 여기에 읽는 능력의 블록, 쓰는 능력의 블록을 추가합니다.

사물을 알아보는 능력은 머릿속 후두엽에서 작용합니다. 얼굴을 알아보는 능력은 머릿속의 얼굴을 알아보는 특화된 블록이 역할을 맡고 있습니다. 주위시력, 즉 공이 빠르게 날아오거나 주위에 일어나는 상황을 알아내는 실력도 머릿속의 특화된 블록에서 맡아 일하고 있습니다. 이처럼 단순하게 얼굴을 보고, 주위 상황을 알아보는 것도 머릿속 블록들이 열심히 일을 해내고 있기에 가능합니다.

골프 실력은 공을 멀리 때리는 블록, 퍼팅이라는 블록, 그린을 읽어내는 블록, 마음을 다스리는 멘탈 블록, 경기를 이끄는 작전 블록 등의 작은 블록으로 이루어져 있습니다.

## 각각의 재능은 블록을 공유하기도 하고 공유하지 않기도 한다

모든 재능(실력, 능력)은 작은 블록이 모여서 이루어집니다. 또 작은 블록은 더 작은 블록으로 자를 수 있고, 때로는 다른 재능을 위한 블록으로도 작용합니다.

축구 실력 블록 중에 발재간 블록은 족구를 위한 발재간 블록으로도 사용됩니다. 축구를 잘하는 사람이 족구를 잘하는 이유입니다. 하지만 족구를 더 잘하기 위해서는 족구만을 위한 블록을 또 완성해야 합니다. 축구 블록과 겹치지 않는 독립된 족구 블록이 있기 때문입니다.

영어는 우리나라 사람들에게 쉽지 않습니다. 우리나라 사람들은 R발음과 L발음을 구분하기 어렵고, 말의 조합 순서도 상당히 다르기 때문입니다. 하지만 일본어는 상대적으로 쉽습니다. 발음이 비슷하고, 말의 조합 순서도 비슷해 영어보다 배우기가 쉽습니다. 《공부기술》의 저자 조승연 씨는 이를 언어적 유사성에서 찾습니다.

한국어와 영어는 언어적으로 서로 유사한 내용이 적어서 배우기가 어렵다는 말입니다. 우리나라 사람들은 영어를 배우기 어렵고, 마찬가지로 영어권 사람들은 한국어를 배우기가 쉽지 않습니다.

이를 뇌신경연결의 관점으로 해석해보면, 사람들은 다른 나라 말을 배울 때 모국어를 기초로 해서 배운다는 말이기도 합니다. 모국어와 공유하는 블록이 많은 언어는 모든 연결을 새롭게 만들지 않아도 되고 기존의 연결을 사용할 수 있기 때문에 배우기가 좀 더 쉽습니다. 하지만 모국어와 공유하는 블록이 적은 언어는 모든 연결을 새롭게 만들어야 하기에 배우기가 어렵습니다.

수년 전에 아들이 체스를 두기 시작했습니다. 저도 옆에서 함께 배우고 익혔지요. 저는 어렸을 때에 장기를 열심히 두었던 적이 있습니다. 체스는 장기와 배열과 룰이 비슷한 점이 많아서 처음 체스를 접할 때는 장기에서 사용했던 몇 가지 전략이 유효하기도 했습니다. 하지만 체스에는 장기에는 없는 기물과 룰이 있습니다. 퀸은 직선 및 대각선의 모든 방향으로 움직일 수 있고, 폰은 앞으로 전진만 할 수 있습니다. 다시 말해 장기와 체스는 비슷한 점도 있지만 다른 점도 또한 굉장히 많습니다. 즉 어떤 블록은 공유하지만 어떤 블록은 공유하지 않는다는 말입니다.

영어 듣기를 많이 하면 점차 영어를 잘 들을 수 있습니다. 하

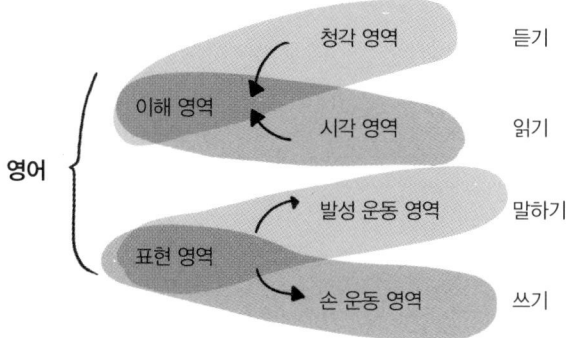

지만 듣기를 잘 한다고 말하기가 저절로 되는 것은 아닙니다. 말로 조합하는 훈련을 따로 하지 않으면 말하기를 잘 할 수 없습니다. 듣기와 말하기를 함께 훈련해야 합니다.

　영어 읽기와 쓰기는 듣고 말하기가 되면 상대적으로 수월합니다. 읽기에 필요한 활자 해독 모듈과 쓰기를 위한 글자 쓰기 모듈만 추가하면 되기 때문입니다. 이전에 영어 교육을 받았던 사람들이 십 년 넘게 영어를 공부해도 역시 영어를 어려워하는 것은 듣고, 말하기가 되지 않기 때문입니다. 듣기와 말하기 영역은 따로 떼어서 집중훈련을 해야 모듈이 만들어집니다. 그러나 쓰기 훈련을 위해서는 말하기 훈련을 해도 됩니다. 쓰기 모듈은 말하기 모듈의 말의 표현 모듈을 함께 쓰기 때문입니다. 그 역도 가능합니다. 쓰기 훈련을 하면 말하기에 도움이 됩니다. 읽기 훈련과 듣기 훈련은 서로 도움이 됩니다. 말의 이해 모듈을 함께 쓰기 때문입니다.

이처럼 각각의 재능은 블록을 공유하기도 하고 공유하지 않기도 합니다.

## 왜 누구는 누구보다 더 재능이 있을까요

똑같이 처음 하는 것도 누군가는 잘하고, 또 누군가는 잘하지 못합니다. 무엇이 이런 차이를 만들까요?

'역시 유전자가 달라서일까요?'

분명한 것은 재능의 차이가 단순히 유전자의 차이는 아니라는 것입니다. '재능이 있다'는 것은 특정 기능과 관련된 뇌신경연결의 상태가 치밀하고 단단하다는 말입니다. 뇌신경연결의 상태는 유전자와 환경이 서로 다양하게 영향을 주고받으며 만들어집니다.

특별하게 노력하지 않아도 무언가를 남들보다 잘하는 사람들이 있습니다. 흔히들 '타고났다'라고 말합니다. 하지만 '타고났다'라는 의미를 '유전자에 새겨진 능력'이라고 단정지을 수만은 없습니다. 사실 '타고났다'라는 말은 왜 다른 사람보다 잘하는지 원인을 알 수 없을 때 사용하는 경우가 더 많습니다. 설명하기가 쉽기 때문입니다.

물론 유전자의 역할이 아주 없다고 할 수는 없습니다. 하지만 유전자를 둘러싼 수많은 환경적 요소를 함께 볼 줄 아는 것이 중요합니다. 유전자와 환경이 서로 얽히고설키어 관련 뇌신경연결조합, 즉 블록을 만들어내기 때문입니다. 단순한 유전자 그 자체가 재능은 아닙니다. 환경이 유전자를 발화하여 뇌신경연결이 만들어진 상태가 재능입니다.

축구를 남들보다 잘하는 사람은 이전에 열심히 했던 제기차기 운동 블록이 도움이 되었을 가능성이 있습니다. 또는 몸 안의 남성호르몬이 근육강화에 도움을 주었을 수도 있습니다. 또는 어린 시절 보았던 월드컵의 감동이 동기부여가 됐을 수도 있습니다. 혹은 친구와의 라이벌 관계가 축구 실력에 도움을 주었을 수도 있습니다. 축구 재능이란 이러한 수많은 원인으로 축구를 하는 데 도움을 주는 블록이 치밀하게 완성된 지금의 상태입니다.

테니스를 배울 때 더 빨리 배우는 사람이 있습니다. 그 사람은 이전에 탁구를 열심히 했던 사람일 수 있습니다. 채를 이용해서 공에 드라이브를 걸고 스핀을 주던 운동감각 모듈이 도움을 주고 있을 가능성이 있습니다. 또는 여러 운동을 섭렵하면서 운동 기능을 어떻게 익혀야 하는지 나름의 체계와 작전을 가진 사람일 수도 있습니다.

 같은 이야기를 들었어도 사람마다 기억하는 양이 다릅니다. 다양한 이유가 있겠지요. 그중에서 배경지식, 즉 기존 지식이 얼마나 있느냐가 중요합니다. 관련 배경지식이 많은 이들은 많은 내용을 더 상세히 기억할 수 있습니다. 야구 지식이 많은 사람들은 같은 야구 이야기를 들어도 더 상세히 이해하고 기억합니다. 워렌 버핏은 보통 사람에 비해서 어떤 회사의 재무제표를 더 명확하게 기억할 것입니다. 바둑기사 이세돌은 시합이 끝나고 바둑돌 하나 하나를 복기할 수 있습니다. 배경지식이 있으면, 즉 기존 모듈이 있다면 더 쉽게 기억하고, 기존 기억은 확장됩니다.

 절대음감은 어떨까요? 역시 복 받은 유전자를 타고나야 하는 걸까요? 절대음감을 가진 사람은 일만 명 중에 한 명 정도로 발견됩니다. 절대음감인 출연자가 TV 노래 경연 대회에 출연한 것을 본 적이 있는데, 당시의 심사위원들은 그 출연자의 재능을 몹시도 칭찬했습니다. "배울 수 있는 것이 아니다, 타고났다"고 말입니다. 하지만 심리학자인 에릭슨 엔더슨 교수는 "절대음감이 유전자로 전달될 가능성은 매우 희박하다."고 말합니다. 신중한 과학자가 '매우 희박하다'고 말하는 것은 '전혀 그렇지 않다'고 말하는 것과 그 무게가 같습니다.

절대음감은 중국어나 베트남어처럼 성조어(聲調語)를 쓰는 아시아계 아이들에게 많이 나타납니다. 성조어란 음의 높낮이로 뜻을 파악하는 언어를 말하는데, 음의 높낮이에 대한 연습을 수없이 거치면서 절대음감을 자연스럽게 얻게 되는 것이지요. 성조어를 쓰지 않는 아시아계 사람들에게는 이러한 절대음감의 빈도가 높지 않다고 합니다. 이는 유전자보다는 환경의 자극이 중요하다는 증거입니다.

모차르트는 절대음감이었습니다. 모차르트는 절대음감을 타고난 것일까요? 그렇지 않습니다. 모차르트는 어릴 적부터 아버지에게 오랜 시간 음악교육을 받은 끝에 절대음감을 갖게 되었습니다. 후천적으로 절대음감을 갖게 된 것이지요. 적절한 훈련만 있다면 일만 분의 1명인 절대음감 확률을 100%로 만들 수 있습니다. 2014년 〈음악심리학〉이라는 학술지에는 2-6세 사이의 24명의 아이들을 훈련시킨 결과가 실렸습니다. 결과는 어땠을까요? 24명 모두, 즉 100% 절대음감을 갖게 되었습니다.

이처럼 하나의 재능은 유전자, 즉 타고남과 더불어 알게 모르게 많은 요소들이 작용해서 만들어지는 것입니다.

**05**
# 재능은 뇌신경연결조합(모듈)의 상태이다

머릿속 블록은 모듈(시스템의 구성단위)이라고 할 수 있습니다. 머릿속 각각의 블록은 모듈로 각각 작용합니다.

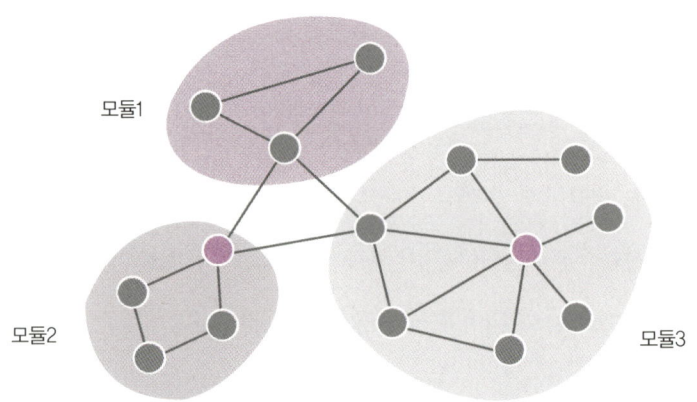

블록은 모여서 더 큰 블록을 만드는 것처럼, 각각의 '모듈'은 모여서 더 '큰 모듈'을 위해 작용합니다. 큰 모듈은 다른 모듈과 함께 '더욱 큰 모듈'을 위해 작용합니다. 또 '더욱 큰 모듈'은 모여서 '더욱 더 큰 모듈'로 작용합니다.

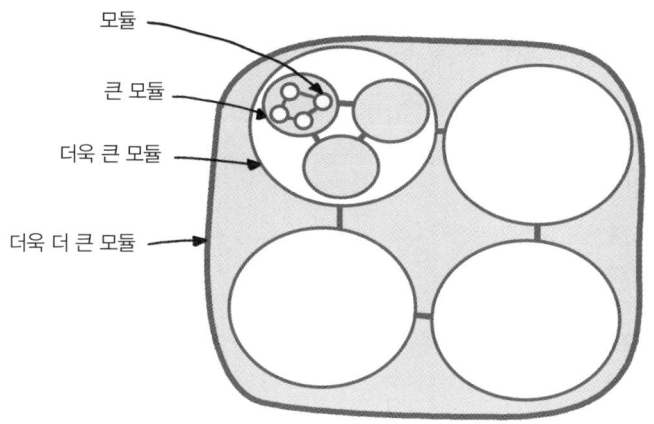

각각의 개인을 하나의 신경세포라 가정해봅시다. 한 개인은 '하나의 가정'에서 모듈로 작동합니다. 또 하나의 가정은 마을에서 모듈로 작동합니다. 마을은 모여서 도시를 이루고, 도시는 모여서 한 나라를 이룹니다. 나라들도 서로 연결되어 세계를 이룹니다.

또 개인은 친구들의 모임으로 엮이기도 하고, 직장인이라면 직장 내 모임으로 묶이기도 합니다. 가정은 또 다른 가정과 교류하고, 가정들의 모임에 참여하기도 합니다. 마을은 다른 마을과도

교류하고, 함께 모여 도시 모임에 참여하기도 합니다. 도시도 세계 속의 다른 도시와 직접적으로 교류하기도 하고, 한 나라 속에서도 다른 도시와 소통하고 묶이고 엮입니다.

## 각각의 모듈은 서로 엉키고, 쪼개지고 또 합쳐진다

이처럼 개인이나 가정, 도시는 모임이나 조직에서 모듈로 작용합니다. 각각의 모듈은 서로 엉키고 쪼개지고 또 합쳐집니다. 우리의 뇌도 마찬가지입니다. 모듈이라는 개념으로 서로 엉키고 쪼개지고, 또 합쳐집니다.

- **언어 모듈**

말을 하나 듣고 따라서 말해 보겠습니다.

'백문이불여일견'

지금 듣고 따라 말하는 순간, 다양한 언어 모듈을 사용한 것

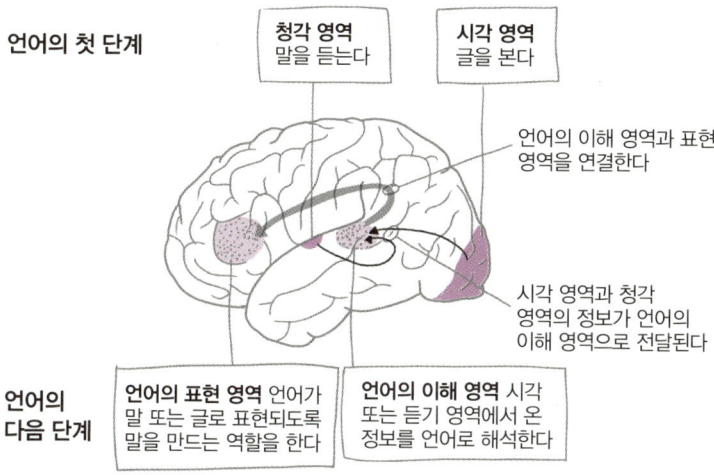

입니다. 먼저 청각 영역에서 소리를 미세하게 구분하고, 구분된 소리는 언어의 이해 영역에서 뜻을 구별합니다. 그리고 언어의 표현 영역에서 말을 위한 발음을 만들어냅니다. 그리고 발성기관에서 소리를 내도록 근육 하나하나에 뇌신경이 연결됩니다. 따라 말하기는 아주 간단해 보이지만, 이처럼 모든 연결망이 조화롭게 흘러가야 가능한 일입니다.

    지금 제가 글을 쓰는 순간은 한 가지 이야기 주제를 머릿속에 잡고 여러분에게 말을 만드는 작업입니다. 저의 머릿속 내적 화자(話者)가 언어의 표현 영역을 자극하고, 이 언어적 표현이 목소리가 아닌 손가락 근육을 이용해서 작업을 해나가고 있는 것입니다. 지금 이 순간은 저의 언어 표현 영역이 발화되고 있는 순간입니다.

지금 여러분이 이 글을 읽고 이해하는 것은 시각 영역의 연결망으로 글자를 구분하고, 이러한 정보를 언어의 이해 영역으로 보내 이해하게 되는 것입니다. 말을 이해하면서 결국 제가 말한 추상적 내용, 제가 잡고 있는 머릿속 주제를 이해하게 됩니다. 책을 통해 시간과 공간을 넘어 언어 영역이 함께 발화되고 있는 것입니다.

모듈은 작은 뇌신경들이 모여서 만들어지고, 다른 모듈과 모여서 더 큰 모듈을 만듭니다. 모듈은 서로 다양하게 묶이고 엮입니다. 모듈은 각각이며, 또 함께입니다. 모듈은 잘라지고, 또 합쳐집니다. 모듈은 하나로도 존재하고, 동시에 여럿으로도 존재합니다. 모듈은 작게 모여서 크게 되기도, 작게 잘려서 더 작게 되기도 합니다.

# 06
# 왜 뇌신경연결조합을 알아야 하는가

 우리는 살아가면서 많은 노력을 합니다. 그 노력은 머릿속에 어떤 식으로든 자취를 남깁니다. 노력이 뇌신경연결조합을 변화시키는 것이죠. 이것이 우리가 뇌신경연결조합을 알아야 하는 이유입니다. 노력과 머릿속 뇌신경연결조합의 관계를 정확히 이해한다면, 우리의 노력은 좀 더 가치를 발할 것입니다. 무엇을 선택하고 집중해야 하는지 알 수 있고, 실패했지만 사실은 성공인 이유도 이해하게 됩니다. 다시 말해 머릿속 뇌신경연결조합을 정확히 이해하는 일은 인생의 주요한 지식과 지혜를 얻는 것과 같습니다.

## 1) 노력은 어떤 식으로든 자취를 남긴다

누구나 노력은 중요하다고 말합니다. 하지만 어떤 노력이 결실을 맺지 못할 때에는 오히려 노력을 폄하하기도 합니다. '머리가 나쁘다.', '재능이 없다.'고 말이죠. 노력은 때로는 '내가 하기만 하면 잘하지, 안 해서 그렇지.' 같은 변명거리마저 앗아가는 느낌을 줍니다.

그러나 뇌신경연결조합의 관점에서 보면 노력은 그렇게 폄하될 이유가 전혀 없습니다. 우리가 노력을 할 때, 뇌신경은 다양하게 연결되고 조합됩니다. 겉으로는 아무런 성과가 드러나 보이지 않지만, 안에서는 목표 달성을 위한 응축의 과정이 이루어지고 있는 것이죠.

게다가 목표를 달성하지 못하더라도 노력의 과정에서 만들어지는 다양한 뇌신경 블록, 즉 모듈들은 향후 다른 큰 블록의 일부가 되어 작동됩니다. 뇌신경연결의 세계에서는 노력이 어떤 식으로든 자취를 남기는 것이죠. 그러므로 노력과 반복은 그 과정 자체로 소중하다 할 수 있습니다.

## 2) 노력의 올바른 방법을 알 수 있다

노력해도 성과가 미미할 때가 있습니다. 노력해도 실력이 향상되지 않을 수 있습니다. 그렇다고 노력의 가치가 없어지는 것은 아닙니다. 그러나 노력과 뇌신경연결조합과의 관계를 명확하게 알고 나면 우리의 노력은 달라집니다. 올바른 방향으로 노력을 이끌 수 있습니다. 성과를 내기 위한 전략을 깊게 고민할 수 있습니다. 머릿속 연결을 위한 다양한 작전을 적용해 볼 수 있습니다. 성과를 위해 중요한 요소를 이해하고 꾸준하게 적용할 용기도 생깁니다.

## 3) 변화의 핵심은 뇌신경연결의 변화이다

우리의 생각, 실력, 재능, 느낌, 감각들은 모두 뇌에서 일어납니다. 뇌신경연결은 '나'라는 존재, 그 자체라고 할 수 있습니다. 뇌신경연결이 발화되어 감정을 만들고, 골프 스윙을 만들고, 집중력을 발휘하고, 글을 쓰고, 책을 읽습니다. 즉 감정을 순화하고, 골프 스윙을 만들고, 집중력을 키우고, 글을 잘 쓰고, 책을 효과적으로 읽으려면 뇌신경연결 상태를 바꾸면 됩니다. 나의 모든 것은 뇌신경연결 상태이기 때문입니다. '내가 변한다'는 것은 '뇌신경연결 상태가 변한다'는 의미입니다. 감정을, 골프를, 집중을, 글을, 독서를 제대로 하도록 변화할 수 있습니다. 모든 변화의 중심에 뇌가 있습니다. 뇌신경연결의 변화는 그 변화의 핵심입니다.

## 4) 무엇을 선택하고 무엇에 집중해야 하는가

선택을 해야 합니다. 무엇인가를 이루기 위해서는 하나를 선택하고 집중해야 합니다. 선택하고 집중한다는 말은 선택한 것 이외의 것을 버린다는 의미입니다. 하나를 바로 세우기 위해 주위의 번잡함을 잘라내야 합니다. 뇌신경연결의 세계를 명확하게 알면 선택의 의미, 집중의 의미를 알 수 있습니다. 모든 것을 다 잡을 수 없습니다. 모든 것을 잡으려 하면 결국 모든 것은 손안의 연기처럼 사라져버릴 것입니다. 탄탄한 하나를 위해서는 단 하나에 집중해야 합니다. 뇌신경연결을 이해하면 어떻게 하나에 집중해야 할지, 왜 하나에 집중해야 하는지 알 수 있습니다. 선택과 집중은 선택이 아닙니다. 필수입니다.

## 5) 실패 또한 성공이다

우리는 인생에서 성공을 위해 애쓰지만 실패를 피할 수 없습니다. 실패는 삶에서 품고가야 할 숙명과 같은 것입니다.

그런데 우리는 무엇을 성공이라 부르고 무엇을 실패라고 하나요? 실패와 성공을 가르는 것은 무엇인가요? 사회적, 경제적 잣대, 합격과 불합격을 가르는 선, 승리와 패배의 가로선 같은 것들이 실패와 성공을 가르는 선일 것입니다. 즉 외적 기준에 의한 어떤 선이 실패와 성공을 가릅니다. 기준선의 한쪽은 성공이고, 다른 한쪽은 실패입니다.

그러나 뇌신경연결의 세계에서는 외적 기준에 의한 선이 사라집니다. 실패라고 부르는 어떤 시도도 뇌신경연결의 세계에서는 자취를 남깁니다. 외적 기준선을 넘지 못한 상황에서도 바동거리고, 고민하고, 치열했던 그 순간의 기록은 머릿속에 연결되어 자리합니다. 뇌신경연결의 세계에서는 실패가 없습니다. 모든 순간 치열했다면 곧 성공입니다. 아니 시도 자체가 곧 성공입니다. 실패는 오직 하나, 시도하지 않고 안주하는 순간뿐입니다. 뇌신경연결은 시도, 노력, 반복이라는 때묻은 가치를 성공이라 표시합니다. 실패했지만 실패가 아닙니다. 무언가를 시도했다면, 뇌신경연결의 세계에서는 모두 성공입니다.

## 6) 성공할 확률이 높아진다

모든 시도, 모든 노력, 모든 반복이 성공이라면 우리는 안주할 수 없습니다. 명확한 뇌신경연결의 이해는 더 많은 시도, 더 많은 노력, 더 많은 반복을 이끕니다. 노력하는 모든 순간이 남는 장사이기 때문입니다. 결국 더 많은 시도, 노력, 반복들은 더 많은 뇌신경연결을 이룹니다. 뇌신경연결이 쌓이며 결국 외적 기준선을 넘는 순간에도 다다릅니다. 결국 세상 사람들이 이야기하는 소위 '성공'이라는 상태에 이르게 됩니다. 성공은 작은 반복이 켜켜이 쌓이는 과정의 결과입니다. 뇌신경연결의 이해는 작은 반복을 차분히 쌓도록 돕습니다. 이러한 믿음과 태도는 결국 외적 '성공'의 가능성 또한 한껏 높입니다.

## [ 크랩아카데미 1 ] 뇌가소성, 반복이 핵심이다

뇌가소성(腦可塑性)이란 '뇌신경이 고정되어 있지 않고 계속 변화한다'는 뜻입니다. 쉬운 말로 바꾸어보자면 뇌변화성, 뇌유연성이라고 부를 수 있습니다. 불과 몇 십 년 전까지만 해도 뇌과학자들은 뇌는 결정적 시기 이후에는 변화하지 않는다고 생각했습니다. 하지만 최근의 연구 결과들은 '평생 동안 뇌는 멈추지 않고 변화한다'고 말합니다. 자극이 지속되는 한 뇌의 변화도 지속됩니다.

뇌가 변하는 원리는 다양합니다.

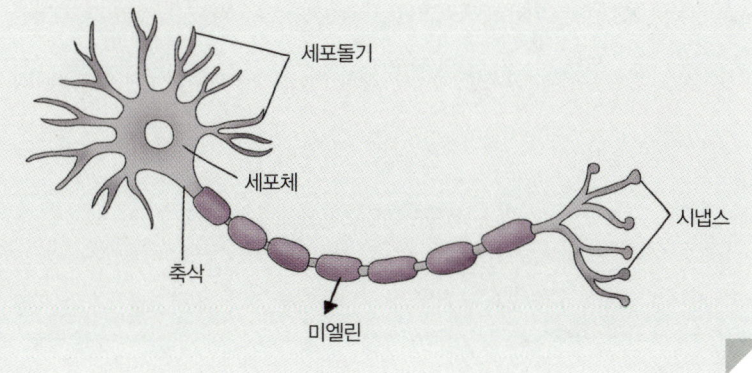

### ① 뇌신경세포의 발생

뇌세포가 재생된다는 사실은 최근의 연구에 의해 밝혀진 내용입니다. 해마의 특정 뇌세포 등의 경우 새롭게 뇌세포가 생겨나고 기존의 세포와 연결됩니다.

### ② 뇌신경 영역의 변화

뇌신경에는 다양한 영역이 있습니다. 각각의 뇌 영역은 각각의 기능이 있습니다. 그러나 이런 기능이 고정되어 있지는 않습니다. 손가락 감각 영역의 역할을 하던 세포들이 발가락 운동 영역으로 바뀔 수도 있습니다. 시각을 담당했던 영역이 점자를 읽기 위한 손가락 감각 영역이 될 수도 있습니다.

### ③ 뇌신경연결의 변화

뇌신경은 서로 연결되어 기능합니다. 뇌신경연결 부분을 시냅스라고 부릅니다. 자극이 반복되면 자극을 처리하는 뇌신경의 시냅스 수가 변화하게 됩니다. 즉 반복 자극이 뇌신경연결의 수를 바꿉니다.

### ④ 뇌신경 미엘린의 변화

뇌신경은 미엘린이라는 물질이 감싸고 있습니다. 미엘린은 뇌신경의 정보처리 능력을 올려줍니다. 전깃줄에 겉을 싸는 절연물질과 같은 역할을 하기 때문입니다. 뇌신경회로는 미엘린 덕분에 정보를 더 안정적이고 더 빠르게 처리할 수 있습니다.

이러한 뇌가소성의 원리는 반복 자극을 반드시 필요로 합니다.
그럼 좀 더 자세히 살펴보겠습니다.

### 뇌신경세포의 발생

뇌신경은 해마에서 새롭게 만들어집니다. 처음에는 아무런 기능도 없는 줄기세포라는 형태뇌로 태어납니다. 하지만 이들 세포들이 기존의 뇌신경연결망에 연결되지 못하면 이내 사그라집니다. 새롭게 태어난 세포들을 살리는 방법은 이들 세포에 역할을 주는 것입니다. 반복 자극을 받아 기존의 뇌신경연결망에 연결되면 세포는 기능을 부여받습니다. 기능을 부여받은 세포는 죽지 않고 살아남습니다.

### 뇌신경 영역의 변화

원숭이가 둘째, 셋째, 넷째 손가락을 반복 사용하면 둘째, 셋째, 넷째 손가락의 감각과 운동이 예민해집니다. 관련 뇌 영역이 확장되기 때문입니다.

손가락으로 점자 읽기를 반복해서 연습하면 관련 뇌신경 영역이 변화합니다. 월요일부터 금요일까지 연습하고 토요일, 일요일을 쉽니다. 즉 5일 연습하고 2일간 쉽니다. 이런 패턴으로 점자 읽기

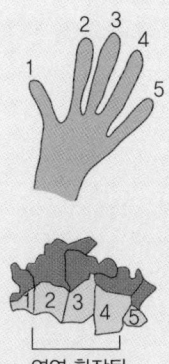

원숭이에게 수개월 동안 2, 3, 4번째 손가락 끝을 이용한 과제를 연습시키면, 원숭이의 2, 3, 4번째 손가락 감각과 운동이 예민해진다. 뇌피질 영역 중에 2, 3, 4번째 손가락 끝의 감각과 운동 영역(파란 부분)이 확장되고, 시냅스가 치밀해지기 때문이다.

연습을 하면서 수개월 동안의 뇌신경 영역을 관찰합니다. 이때 관련 뇌신경 영역은 금요일, 즉 주중 훈련 5일째에 가장 크게 확장됩니다. 그리고 나서 2일을 쉬면 뇌신경 영역은 다시 원래 크기로 돌아옵니다. 하지만 꾸준히 수개월을 지속하면 월요일의 뇌 영역도 처음의 월요일 크기보다 조금씩 커집니다. 그렇다면 실력 향상은 어떤 뇌 영역의 크기를 따를까요? 금요일일까요 월요일일까요? 실력은 금요일의 극적인 영역 확장에 비례하지 않고, 월요일의 단계적 영역 확장과 비례합니다. 즉 실력은 조금씩 서서히 확장됩니다. 그렇게 꾸준한 반복 자극으로 넓어지는 것이 진짜 실력이 됩니다.

## 뇌신경연결의 변화

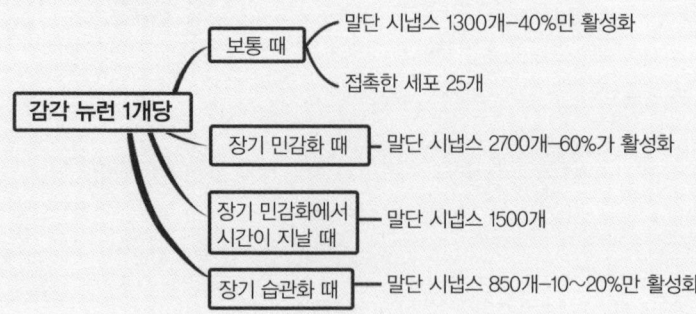

장기 민감화가 이뤄지면 시냅스 전 말단의 개수가 늘어난다.

뇌신경연결, 즉 시냅스의 숫자도 자극의 반복에 따라 달라집니다. 감각세포 하나에는 시냅스가 대략 1,300개있으며, 약 25개의 다른 세포와 연결되어 있습니다. 이 시냅스 중에 40%만이 활성화되어 있고, 나머지는 활성화되어 있지 않습니다. 하지만 이 감각세포가 여러 번 자극되면 시냅스 수는 2,700개로 증가하고, 활성화 정도도 60%로 증가합니다. 하지만 자극 없이 시간이 지나면 다시 1,500개 정도로 조정이 됩니다.

## 뇌신경 미엘린의 변화

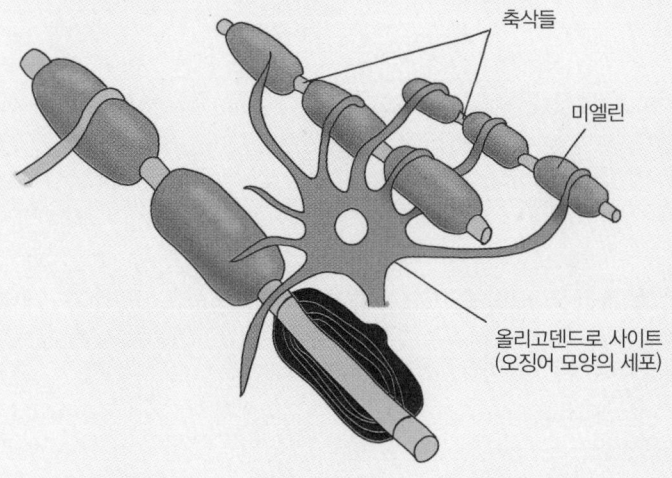

　뇌신경세포가 아닌 미엘린의 양도 연습량(반복 자극의 양)과 비례하여 증가합니다. 프레드릭 울렌은 피아니스트에게서, 토르켈 클링버그는 글 읽는 능력에서, 헤수스 푸졸은 어휘력 발달에서 미엘린의 중요성을 각각 밝혀냅니다. 미엘린은 뇌신경 주위의 오징어 모양으로 생긴 세포(올리고덴드로 사이트)가 만듭니다. 뇌세포가 발화되면 오징어 모양의 세포는 촉수를 뻗어 뇌신경세포를 돌돌 말아 쥐며 감쌉니다. 뇌세포가 반복 자극될 때마다 여러 겹으로 말아 쥐며 두터워집니다. 많게는 50번 정도 말려집니다.

　이처럼 뇌신경은 다양한 방식으로 변화합니다. 위의 뇌가소성을 만드는 각각의 원리는 몇 가지의 공통점이 있습니다.

- 해당 뇌신경에 대한 정확한 반복 자극이 필요하다.
- 반복 자극되면 서서히 변화한다.
- 한 번 변화하면 오래간다.

반복 자극은 뇌신경 변화를 위해서 반드시 필요합니다. 뇌신경 변화는 반복이 답입니다.

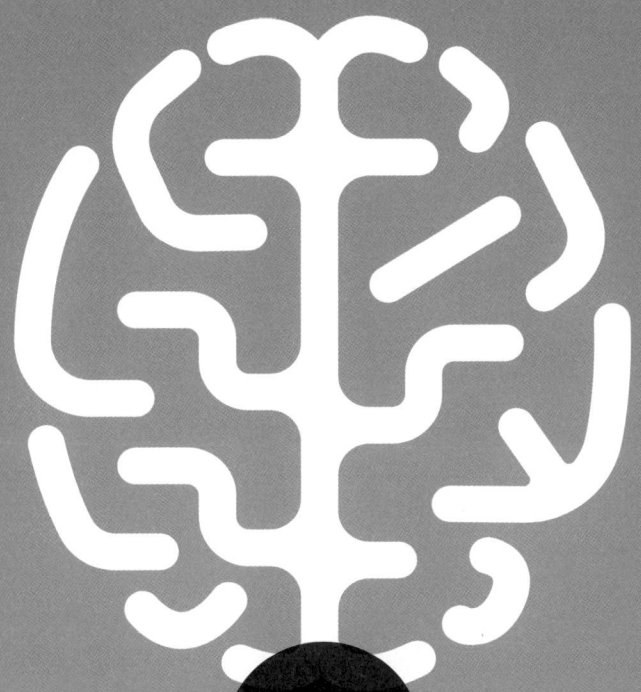

PART 2

# 왜 결국 반복이 답인가

장기기억은 여러 번의 정보가 흘러갈 때 생깁니다. 정보가 뇌신경을 타고 여러 번 흘러가면 뇌신경은 모양을 바꿉니다. 뇌신경이 가지를 뻗는 것이죠. 이렇게 가지를 뻗는 것은 해부학적인 모양의 변화입니다. 가지를 뻗기 위해서는 뇌신경의 DNA가 작동해야 합니다. 즉, 유전자가 작동되어 필요한 가지를 뻗게 하는 것이죠.

# 01
# 뇌신경연결조합 만들기

다음은 뇌신경연결조합이 확장하는 방법입니다.

1. 기존 뇌신경연결을 사용한다.
2. 기존 뇌신경연결이 확장되고, 단단해진다.

모든 뇌신경연결은 위의 과정을 따릅니다.

아들이 말을 배울 때가 기억납니다. 아들은 처음 말할 때 '마, 바, 할, 함'이라는 발음으로 단어를 대신했습니다. 각각은 엄마, 아빠, 할머니, 할아버지를 의미합니다. 얼마 안 있어 정확한 발음으로 단어를 이야기할 수 있었습니다. 이후로 두 단어, 세 단어, 네 단어 등 점차 많은 단어를 연결하여 문장을 구사하기 시작했습니다. 지금은 말을 꽤 잘합니다. 생각과 동시에 단어와 문장을 거침없이 쏟아냅니다.

제 아이뿐만 아니라 대부분의 아이들은 이런 과정을 거쳐서 말을 능숙하게 하게 됩니다. 여기서 더 발전하면 문장 속 문장, 중복된 문장, 은유와 유머도 곧잘 구사하게 되는 것이죠. 한마디로 더 복잡한 구조의 문장으로 확대 생산해내는 것입니다. 이처럼 뇌신경연결조합은 기존 뇌신경연결을 반복적으로 사용하면서 더욱 단단해지고 확장을 거듭하게 됩니다.

축구를 배울 때도 마찬가지입니다. 축구를 하기 위해서는 축구에 사용될 기존 뇌신경연결이 필요합니다. 또 축구를 계속 하면 기존 뇌신경연결이 자극을 받아 축구 뇌신경연결은 더 단단해지고 확장됩니다. 즉, 다양한 축구 기술로 점차 확장되는 것이죠.

청각도 마찬가지입니다. 귀에 연결된 청신경을 따라 소리 자극이 뇌로 입력됩니다. 소리 자극은 소리 영역으로 흘러들어 자극을 줍니다. 소리를 뇌에서 처리하기 위해서는 소리 영역이 필요합니다. 소리 영역에서 자극을 처리하면서 소리 영역은 더 치밀해지고 단단해집니다. 처음에는 도와 레만 구분할 수 있다가 반복이 되면 도와 레 사이음인 도#을 구분할 수 있게 되는 것이죠. 한마디로 아는 만큼 들을 수 있고, 들은 만큼 알게 되는 것입니다.

시각 역시 같은 과정을 거칩니다. 눈을 통해 들어온 시각 자극은 시각 영역에 자극을 주게 됩니다. 시각 영역이 아직 성숙되지 못한 어린 시절에 적절한 수준으로 시각적 자극을 받지 못하면 약시 상태가 됩니다. 그러니 약시는 단지 눈의 문제가 아닙니다. 눈의 문제로 시각적 자극을 받지 못한 뇌의 문제입니다. 시각 자극을 받지 못한 뇌는 시각 영역을 치밀하고 단단하게 확장하지 못합니다. 따라서 향후 눈 문제를 교정하더라도 뇌의 시각 영역 약화로 약한 시력을 갖게 되는 것입니다. 이처럼 보는 능력 또한 공짜가 아닙니다. 보고 또 보면서 보는 영역을 강화시킨 결과 온전한 시력을 갖게 되는 것입니다. 시각 영역을 이용해서 보고 또 보면서 시각 영역은 치밀하게 연결망을 펼칩니다.

수업 시간을 생각해 봅시다. 오늘 배울 수업에 대한 배경지식이 없으면 선생님이 아무리 잘 가르치더라도 수업 내용이 머릿속에 잘 들어오지 않습니다. 특히 수학, 영어 같은 과목은 기초 지식이 무척 중요한 과목이기 때문에 일정 수준의 기존 뇌 영역이 있어야 수업을 따라갈 수 있습니다. 기존 지식의 그물망에 선생님

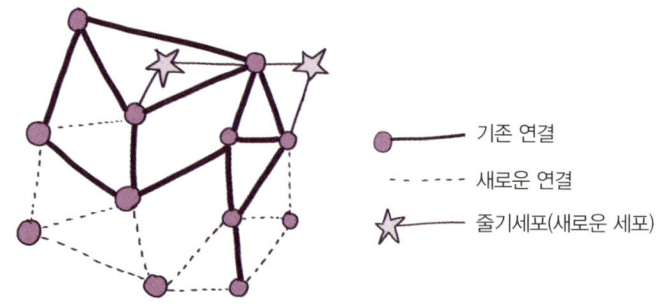

'기존 연결'은 뇌신경연결망이 이미 만들어져 있는 상태입니다. 여기에 새로운 정보가 들어오면 '새로운 연결'이 만들어집니다. '새로운 세포'와 '새로운 연결'은 점점 더 강력한 연결을 만들어 나갑니다. 결국 기존 연결망은 더 치밀하고, 더 강력해집니다.

의 정보가 걸리면 기존 지식의 그물망은 더 촘촘하게 변합니다. 정보는 그물망에 의해 걸러지고 곧 그물망 자체가 됩니다.

기억도 마찬가지입니다. 기억과 관련해서 중요한 역할을 담당하는 것은 해마입니다. 해마는 기존의 뇌 영역과 상호작용하면서 기억물질을 기존 뇌 영역에 저장합니다. 이때 기존 저장 창고가 튼실하면 해마가 이전과 똑같이 일을 하더라도 기존의 그물망에 많은 내용이 걸려들 수 있습니다. 이세돌 9단이 바둑 수 하나하나를 복기할 수 있는 것도, 기업의 사장이 매출, 영업이익 등에 대한 숫자를 정확히 기억하는 것도, 달리기 선수가 자신의 기록을 정확하게 기억할 수 있는 것도 기존의 지식 영역이 풍성하기 때문입니다. 기존의 지식 영역이 풍부하면 이전 연결망과 비교하며 저장할 수 있기 때문에 더 촘촘히 연결됩니다. 촘촘히 연결되면 기억해낼 확률이 더 높아지는 것이죠.

**기능을 발휘할 때 기존의 뇌신경연결을 이용합니다. 그리고 기능을 발휘하며 기존의 뇌신경연결은 더 치밀하고 단단해집니다.**

**02**

# 쓰면
# 연결된다

　뇌가소성은 '뇌가 변할 수 있다'는 뜻입니다. 뇌가소성은 '물과 물길'에 비유할 수 있습니다. 물은 물길이 있어야 흐를 수 있습니다. 물길이 생겨 물이 계속 흐르면 물길은 깊어지고, 넓어집니다. 이렇게 되면 더 많은 물이 흐를 수 있습니다. 그러다가 기존의 물길이 막히면 다른 곳으로 물이 흐르기 시작합니다. 새로운 길을 만들거나 기존 물길 중, 물이 흐르지 않던 길로 흘러가는 것이죠.

　뇌가소성은 '썰매와 썰매길'로도 비유합니다. 하얗게 눈이 내린 언덕에서 썰매를 타고 내려오면 눈길이 만들어집니다. 계속 해서 썰매를 타다 보면 눈길은 겹치기도 하고 기존의 썰매길을 더

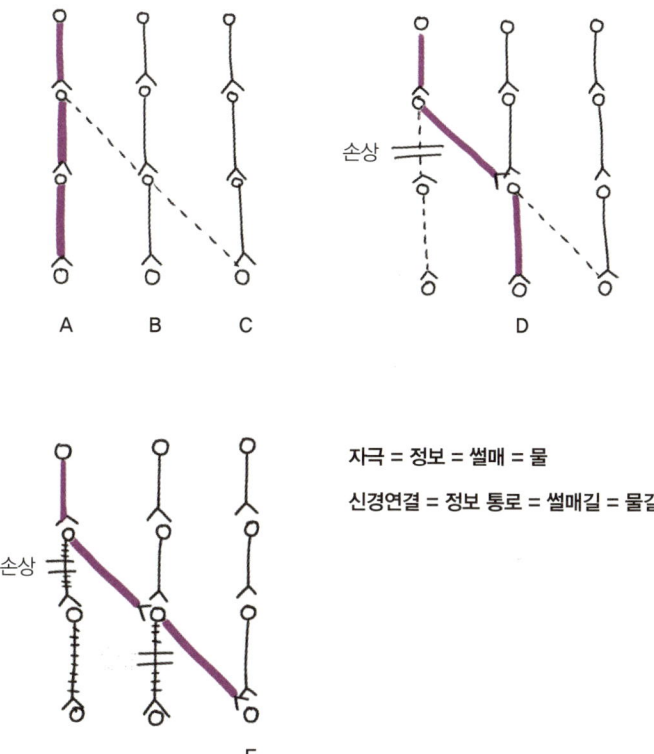

깊게 만들기도 합니다. 만약 그 썰매길을 이용하고 싶지 않다면 옆에 다른 길을 만들면 됩니다. 물론 기존의 썰매길보다는 느립니다. 하지만 이 길 또한 여러 번 썰매를 타다 보면 기존의 썰매길만큼 넓어지고 매끄러워집니다.

물길과 썰매길처럼 뇌신경연결망을 타고 정보가 흐르면 정보는 뇌신경연결망에 자국을 남깁니다. 그리고 기존 뇌신경연결망을 더 강화시키거나, 다른 연결망을 만듭니다.

그러나 물길에 물이 덜 흐르거나 썰매길에 썰매가 내려오지 않으면 길은 엷어지고 심지어는 없어지기도 합니다. 뇌신경망을 타고 정보가 흘러다니지 않으면 기존의 길은 좁아지고, 결국 사라지기도 합니다.

뇌신경연결을 반복해서 쓰면 뇌신경연결은 강해지고 때로는 변하기도 합니다. 역으로 오랫동안 자극되지 않는 뇌신경연결망은 약해지고 수축합니다. 뇌신경연결망은 정보의 흐름과 서로 역동적 관계입니다. 기존 연결망을 타고 정보가 흐르고, 정보가 흐르면 기존 연결망은 촘촘해집니다. 정보와 연결망은 얽히고설키며 주거니 받거니 합니다.

# 03
# 단기기억, 장기기억 그리고 자동기억

　우리의 기억은 단기, 장기, 자동의 순서로 저장됩니다. 예를 들어, 27842978이란 숫자를 외워본다고 합시다. 숫자를 주의 깊게 읽으면 우리의 머릿속에는 뇌신경연결조합이 하나 만들어지고 1~2분 정도 유지됩니다. 이것이 단기기억입니다.

　만약 이 숫자를 여러 번 머릿속으로 반복하게 되면 꽤 오래 유지되는 기억이 됩니다. 장기기억이 되는 것이죠.

　이어서 숫자를 더 자주, 더 많이 사용하고 반복하면 이 숫자는 저절로 떠오르는 수준으로 외워집니다. 자주 쓰는 전화번호나 계좌번호, 주민번호 등이 그렇죠. 이렇게 기억해내려고 애쓰지 않아도 저절로 머릿속에 떠오르는 기억을 자동기억이라고 합니다.

저는 대학교 때 동아리 활동으로 연극을 했습니다. 고등학교 선배가 밥 사준다며 불러서 얼떨결에 가입하기는 했지만, 제가 연극을 제대로 할 수 있으리라고는 생각지도 못했습니다. 연극반 선배들이 연습하는 모습을 보며 제 머리로는 그 많은 대사를 절대 외우지 못할 거라 생각했습니다. 그렇지만 제 생각과는 달리 무대에 여러 번 서게 됐습니다. 그리고 알게 됐습니다. 연극대사는 머리로 외우는 것이 아니라는 사실을 말이죠. 수많은 연습을 하고 무대에 여러 번 오르다보면 연극대사는 뇌를 거치지 않고 입안에서 자동으로 튀어나옵니다. 심지어 다른 생각을 하면서도 대사를 읊을 수 있게 되었습니다. 억지로 하나하나 외우는 단기기억을 지나, 생각을 해야 떠오르는 장기기억을 거쳐, 결국 생각하지 않아도 대사가 나오는 자동기억까지 다다른 것입니다.

저희 집 대문은 번호키로 작동됩니다. 이사 후에 번호를 설정하고 나서 얼마 동안은 번호를 하나하나 생각하며 버튼을 눌렀습니다. 시간이 흐를수록 점점 누르는 속도가 빨라지더군요. 그러다 어느 순간부터는 머릿속에 번호를 떠올리지 않아도 손이 저절로 번호를 입력합니다. 단기기억에서 장기기억으로 다시 자동기억에 다다른 것이죠.

운전할 때는 어떤가요? 처음 운전할 때는 핸들 조작부터 시작해서 페달 조작, 기기 조작 등 신경쓸 게 참 많습니다. 이런 상황에서 주변 상황까지 살펴가며 운전을 해야 하니 스트레스가 이만저만이 아니죠. 그런데 운전을 수일, 수개월, 수년 동안 하다보면 머릿속이 점차 비워집니다. 점차로 시끄러운 음악을 듣거나 옆 사람과 대화를 하면서도 편하게 운전할 수 있습니다. 운전 행위의 많은 요소가 자동적으로 수행되기에 가능한 일입니다.

책읽기는 어떨까요? 여러분이 처음 초등학교에 입학했을 때를 떠올려 보십시오. 유치원에서 한글을 다 익히고 간다 해도 막상 선생님과 다른 학생들 앞에서 책을 읽게 되면 음소 하나하나에 신경 쓰느라 더듬더듬 읽게 됩니다. 그러나 반복적으로 책을 읽다 보면 음소와 한글은 소리로서 장기적으로 연결되기 시작합니다. 시간이 더 지나면 막힘없이 책을 읽게 됩니다. 더불어 글의 의미도 저절로 머릿속에 떠오르게 됩니다. 이렇게 의미가 자동으로 떠올라야 책읽기에 빠질 수 있습니다. 책을 읽을 때 의미를 하나하나 억지로 떠올려야 한다면 이것만큼 괴로운 책읽기도 없을 것입니다.

**모든 기억, 모든 모듈은 단기, 장기, 자동화로 이어집니다.
그리고 그 이어짐의 맥은 역시 반복입니다.**

## 04
# 단기기억은 어떻게 장기기억이 되는가

단기기억과 장기기억은 뇌신경연결조합에서 어떤 모습을 보일까요?

단기기억은 정보가 한 번 흘러갈 때 생깁니다. 정보가 뇌신경연결을 타고 흘러가면 신경에서 신경으로 신경전달물질을 분비합니다. 단기기억 상태일 때는 신경전달물질이 많이 분비됩니다. 한 번의 정보전달은 신경과 신경을 몇 분 정도 강화시킵니다. 단기기억의 상태는 뇌신경연결조합이 몇 분 간 탄탄해진 기능적 강화 상태입니다.

장기기억은 여러 번의 정보가 흘러갈 때 생깁니다. 정보가 뇌신경을 타고 여러 번 흘러가면 뇌신경은 모양을 바꿉니다. 뇌신경이 가지를 뻗는 것이죠. 이렇게 가지를 뻗는 것은 해부학적인 모양의 변화입니다. 가지를 뻗기 위해서는 뇌신경의 DNA가 작동해야 합니다. 즉, 유전자가 작동되어 필요한 가지를 뻗게 하는 것이죠.

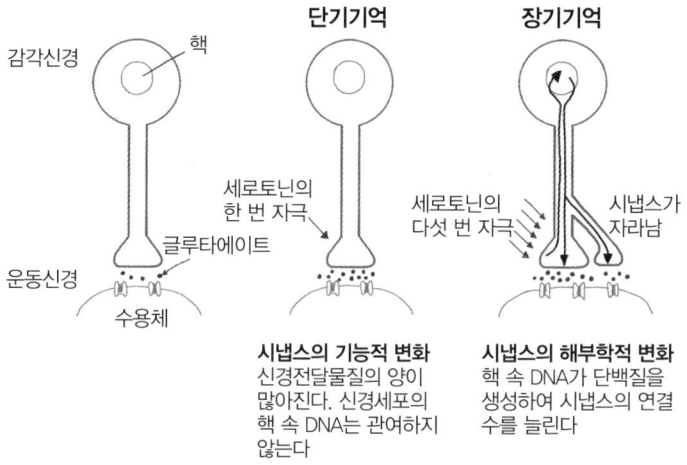

여러 번 자극되면 신경세포의 연결이 많아지고, 확고해지며, 이런 현상이 수일에서 수주가량 지속되면 장기기억이 된다.

해부학적으로 변화하면 그 변화는 오래갑니다. 수일, 수주 동안 갑니다. 장기기억은 단기기억에 비해 오래 간다고 하여 붙여진 이름입니다. 물론 장기기억이 영원히 지속되지는 않습니다. 하지만 단기기억보다 훨씬 오래 지속되고, 가끔씩만 자극을 주어도 해부학적 변화는 유지됩니다.

　단기기억은 물과 썰매가 한 번 지나가면서 만듭니다. 수분 간의 물길, 썰매길이 강화된 상태입니다. 하지만 여러 번 반복해서 물과 썰매가 지나다니면 물길, 썰매길은 모양을 바꿉니다. 그렇게 되면 물길은 깊어지고 썰매길은 빨라집니다. 장기기억을 만들어내는 것이죠.

　뇌신경 정보는 뇌신경연결 상태를 따라 흐릅니다. 그리고 뇌신경 정보는 뇌신경연결 상태를 바꿉니다. 단기기억 상태가 장기기억으로 바뀐다는 것은 정보, 자극 자체에 힘이 있다는 것을 말합니다. 즉, 생각, 정보, 물, 썰매에는 힘이 있습니다. 물이 물길을 내듯, 썰매가 썰매길을 내듯, 의도적 생각은 의도된 길을 만들어냅니다.

05
# 장기기억은 어떻게
# 자동기억이 되는가

그럼 자동기억은 어디에 있을까요?

사실 자동기억이라는 말은 제가 만들어낸 말입니다. 뇌과학에서 자동화라는 말은 사용하고 있지만, 자동기억이라는 말은 사용하고 있지 않습니다.

자동화의 원리는 아직 구체적으로 알려져 있지 않습니다. 다만, 뇌의 기저핵(basal ganglia) 부위가 관여하는 것으로 추측하고 있습니다. 기저핵은 운동의 자동수행, 습관화 등에 관여하기 때문에, 기저핵 내의 시냅스 형성이 자동화에 관여하고 있는 것으로 판단하는 것이죠.

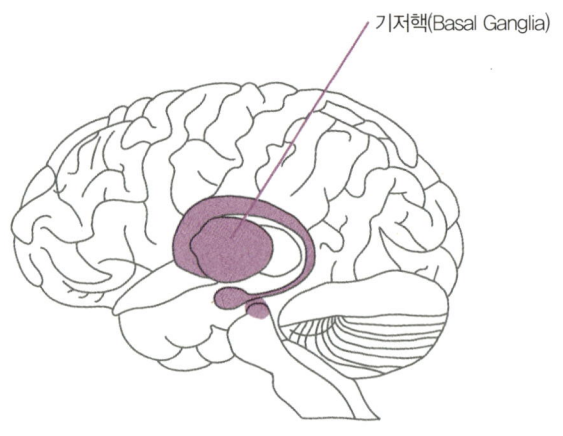

두뇌의 활성화 정도를 체크하는 fMRI 촬영을 하면 무의식적인 자동기억 수준에서는 두뇌 겉껍질의 활성이 떨어지고 두뇌 안쪽에서 활성이 올라가는 것을 발견할 수 있습니다. 즉 기저핵 부위가 활성화되는 것입니다. 반면에 단기기억, 장기기억의 수준에서는 두뇌의 겉껍질에서 활성이 올라가구요.

저는 이와 같은 자동화의 원리도 단기에서 장기기억으로 가는 원리와 다르지 않다고 보고 있습니다. 즉 신경의 가지 뻗기와 뇌신경의 연결이 기저핵의 자동기억 저장의 핵심 메커니즘이라는 것입니다. 다만 자동기억은 두뇌의 겉껍질이 아닌 뇌의 안쪽, 즉 기저핵에서 발생한다는 것이 다를 뿐입니다.

# 06
# 반복이 만드는
# 뇌신경 속 물질, 크랩!

단기기억이 장기기억이 되기 위해서는 뇌신경이 가지를 뻗어야 합니다. 장기기억이 자동기억이 되기 위해서도 기저핵에서 뇌신경이 가지를 뻗어야 합니다.

'가지를 뻗는다.'를 의학적으로 표현하면 '뇌신경의 시냅스를 만든다.'입니다. 시냅스는 신경과 신경의 연결을 의미합니다. 즉 '연결을 만든다.'라는 뜻입니다.

그럼 신경과 신경은 어떻게 연결될까요?

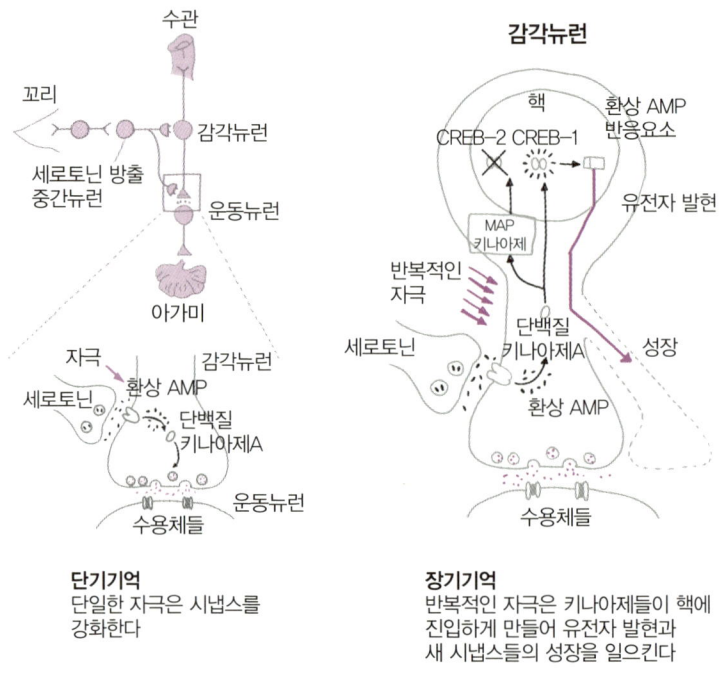

**단기기억**
단일한 자극은 시냅스를 강화한다

**장기기억**
반복적인 자극은 키나아제들이 핵에 진입하게 만들어 유전자 발현과 새 시냅스들의 성장을 일으킨다

 뇌신경이 한 번 자극을 받으면 뇌신경 내에 특정 물질(단백질 키나아제A)이 생깁니다. 이 물질은 일정한 주기로 세포가 자극될 때마다 세포 안에 조금씩 쌓입니다. 그리고 세포 전체로 서서히 퍼져나갑니다. 세포 안에 쌓인 단백질 키나아제A는 세포 안 구석구석으로 확산됩니다. 물이 들어 있는 비커에 잉크 한 방울을 떨어뜨리면 어떻게 될까요? 잉크는 서서히 비커 전체로 퍼져나가게

됩니다. 잉크가 비커에 서서히 퍼져나가듯이 단백질 키나아제A라는 물질도 세포 구석구석으로 퍼지다가 결국 세포핵 속까지 퍼져 갑니다. 그러고는 핵 속에서 크랩(CREB)*이라는 물질을 만들어냅니다. 크랩은 DNA의 특정 유전자 부위에 달라붙어서 유전자가 일을 하도록 합니다. 즉, 유전자, DNA가 일을 해서 뇌신경이 가지를 뻗게 됩니다.

단기기억이 장기기억으로, 장기기억이 자동기억이 되기 위해서는 뇌신경의 연결이 필요합니다. 뇌신경이 연결되기 위해서는 크랩이 필요합니다. 크랩은 뇌신경이 가지를 뻗기 위해 반드시 필요한 물질입니다. 크랩은 잠들어 있는 뇌신경 DNA를 깨우는 물질입니다. 신경 자극이 뇌신경의 해부학적인 변화를 일으키도록 돕는 물질이며, 반복이 세포연결을 일으키도록 하는 물질입니다. 즉, 뇌신경 자극 한 번은 비커에 잉크 한 방울을 떨어뜨리는 것과 같습니다. 여러 번 뇌신경을 자극하면 잉크 여러 방울이 떨어져서 더 많은 잉크가 비커 전체로 퍼지게 됩니다. 더 많은 잉크 방울을 떨어트리면 더 멀리 퍼지게 됩니다. 그러면 핵까지 잉크가 퍼져서

---

* 유전자에는 스위치가 있습니다. 유전자는 마치 도서관의 책처럼 곱게 꽂혀 있습니다. 책이 누군가에게 선택되고 읽혀야 의미가 있듯, 유전자도 스위치가 켜져야 의미를 갖습니다. 뇌신경연결의 가지를 뻗게 하는 유전자의 스위치가 바로 크랩입니다.

크랩이 만들어질 확률이 높아지게 되지요.

그렇다면 충분한 양의 잉크가 퍼지도록 하려면 어떻게 하면 될까요? 자극의 양을 늘리면 됩니다. 잉크의 양이 충분하면 더 멀리 퍼져서 핵 속에 크랩이 만들어질 확률이 높아지게 됩니다. 즉 뇌신경연결, 시냅스가 생성될 확률이 높아지게 됩니다.

## 반복 자극은 크랩을 만들어서 뇌신경연결을 남긴다

그렇다면 몇 번의 자극을 주어야 크랩, 즉 뇌신경연결이 만들어질까요?

에릭 캔델은 바다달팽이를 이용하여 뇌신경연결의 원리를 밝힌 공로로 노벨생리의학상을 받은 과학자입니다. 그는 크랩이 생성되기 위해서는 두 시간 동안 5~6회 정도의 주기적 자극이 필요하다고 말합니다. 즉 뇌신경 핵 속까지 잉크가 퍼져나가기 위해서 필요한 반복 자극은 약 15분마다 1회 정도가 적당합니다. 이러한 원리는 세포 하나와 세포 하나의 연결에 대한 실험실적 결론입니다.

물론 실제 뇌신경은 하나하나씩만 연결이 되는 것이 아닙니다.

굉장히 많은 뇌신경들이 서로 연결되고 있기 때문에 적당한 빈도를 이야기하기는 쉽지 않습니다. 하지만 낱개 뇌신경연결의 원리를 명확하게 아는 것은 중요합니다. 이를 바탕으로 수많은 뇌신경들의 연결로 추론한다면 더 많이, 더 자주 자극을 줄수록 목표한 뇌신경연결을 만들 수 있을 것입니다.

크랩 CREB!!

2시간 동안 6회 자극이 필요합니다!
즉, 약 15분마다 1번의 자극이 필요합니다!
뇌신경 하나가 다른 뇌신경 하나와 이어지기 위해 자주, 간헐적 자극이 필요합니다.
뇌신경 묶음이 이어지기 위해서는 더 자주, 더 많은 자극이 필요합니다.

## [ 크랩아카데미 2 ] 운동은 어떻게 뇌를 바꾸는가

　진화의 흐름에서 뇌는 왜 만들어졌을까요? 뇌전문가 박문호박사는 《뇌, 생각의 출현》에서 '뇌는 움직임에 의해 만들어졌다'고 말합니다. 즉 "원시뇌가 먹이를 찾아다니기 위해서 운동을 계속한 결과 의식, 즉 뇌가 생겨났다"고 말합니다.

　멍게는 유충과 성충의 시기를 갖습니다. 멍게의 유충 시절에는 뇌를 가지고 있습니다. 하지만 성충이 되어서는 스스로 뇌를 삼켜서 소화시켜버립니다. 왜 그럴까요? 유충 시절에는 바다를 헤엄치지만 성충 시절에는 바위에 붙어 자라서 더 이상 움직이지 않기 때문입니다. 움직임이 없으면 뇌가 필요 없기 때문입니다.

　미국 분자생물학자이며 신경공학자인 존 메디나는 "몸을 움직이면 생각도 움직인다."고 말합니다. 그리고 "평생 동안 운동을 한 사람이 운동하지 않은 사람에 비하여 놀랍도록 인지 능력이 향상된다."고 덧붙입니다.

　하버드 대학교 정신과 존 레이티 교수는 《운동화 신은 뇌》라는 책에서 '운동과 뇌의 연관성'을 설명합니다. 미국 네이퍼빌 센트럴 고등학교는 '0교시 체육수업' 시간에 학생들이 심박동기를 달고 1.6킬로미터를 뛰도록 합니다. 이 학교 학생들은 1년 후에 다양한 학습 분야에서 뛰어난 성적을 거둡니다. 읽기 능력은 17퍼센트 상승하고, 학업성취도에서는 과학은 1위, 수학은 6위를 기록합니다. 레이티 교수는 운동이 뇌를 활성화했기 때문이라고 설명하고 다음처럼 분석합니다.

- 운동은 각성도, 집중도를 올리고, 의욕을 고취시킨다.
- 운동은 뇌세포의 연결을 강화시킨다.
- 운동은 해마의 줄기세포가 기존의 회로에 융합되도록 한다.

레이티 교수는 운동의 여러 가지 효과를 다음과 같이 말합니다.

1. 당뇨, 고혈압, 동맥경화 등을 예방한다.
2. 심혈관계가 튼튼해진다.
3. 비만을 줄인다.
4. 만성 스트레스에 의한 뇌세포 부식을 억제한다.
5. 기분을 좋게 한다.

6. 면역력을 강화시킨다.

7. 의욕이 고취된다.

8. 신경(뇌)가소성이 증가된다.

9. 뇌세포로 포도당 공급을 안정적으로 돕는다.

10. 뼈가 튼튼해진다.

삼성병원 신경과 나덕렬 교수도 운동이 다양한 방법으로 뇌를 좋게 만든다고 말합니다. 그래서 치매예방에 운동이 특효약이라 말합니다. 특효의 원리는 다음과 같습니다.

- 뇌로 가는 혈류량이 많아집니다. 따라서 뇌는 산소와 영양분을 잘 공급받게 됩니다.
- 뇌 속의 줄기세포가 활성화됩니다.
- 뇌 속의 BDNF(brain derived neurotropic factor, 뇌신경성장인자)가 많이 생성됩니다.

BDNF는 뇌세포를 증식시키고, 시냅스를 활성화합니다. 특히 해마(기억력)와 전전두엽(기획력, 집행력)에서 이러한 역할을 합니다. 따라서 운동을 하면 기억력 및 기획력, 집행력 등이 좋아집니다.

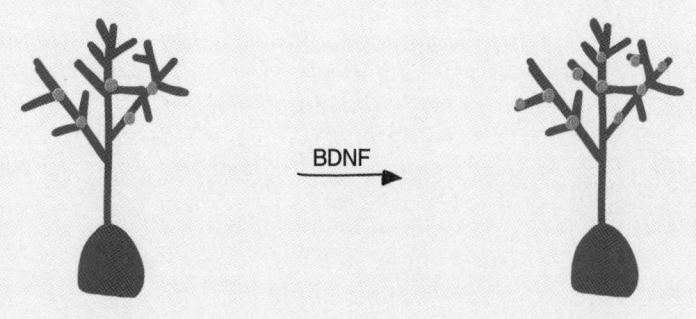

BDNF가 위의 그림처럼 뇌신경연결(시냅스)을 만들기 때문입니다.

일리노이 대학 심리학자인 아서 크레이머는 실험을 통해서 운동이 전두엽의 크기를 크게 만든다는 것을 확인합니다. 빠르게 걷기 같은 운동이 뇌의 다양한 고차원적 능력을 개선한다는 것이죠. 그는 또 "BDNF는 노화 과정을 늦추기도 하지만 나아가서 젊어지게도 할 수 있다"고 말합니다.

캘리포니아 대학 신경과학자인 페르난도 고메즈 피니야는 "BDNF가 많은 뇌일수록 더 많은 지식을 얻을 수 있고, BDNF가 적은 뇌는 그렇지 못하다"고 밝혔습니다.

삼성병원 신경과 나덕렬 교수는 "운동은 뇌를 따듯하게 덥혀주는 효과가 있다"고 말합니다. 운동이 뇌가 변화될 수 있도록 뇌에 온기를 주는 것이죠.

뇌를 사용하면 관련된 특정 뇌 영역이 자극되어 뇌신경이 연결됩니다. 그런데 운동은 뇌에 BDNF 등의 물질을 뇌 전체에 뿌려줍니다. 즉, 운동은 이러한 뇌신경연결이 더 잘 이루어지도록 마법의 가루를 뿌리는 것과 같습니다.

운동은 줄기세포가 기존 뇌신경연결망에 연결되어 더 잘 살아남도록 합니다. 또 기존의 뇌신경연결이 더 단단해지고, 치밀해지도록 돕습니다.

운동은 진정 몸과 마음을 위한 최고의 보약입니다.

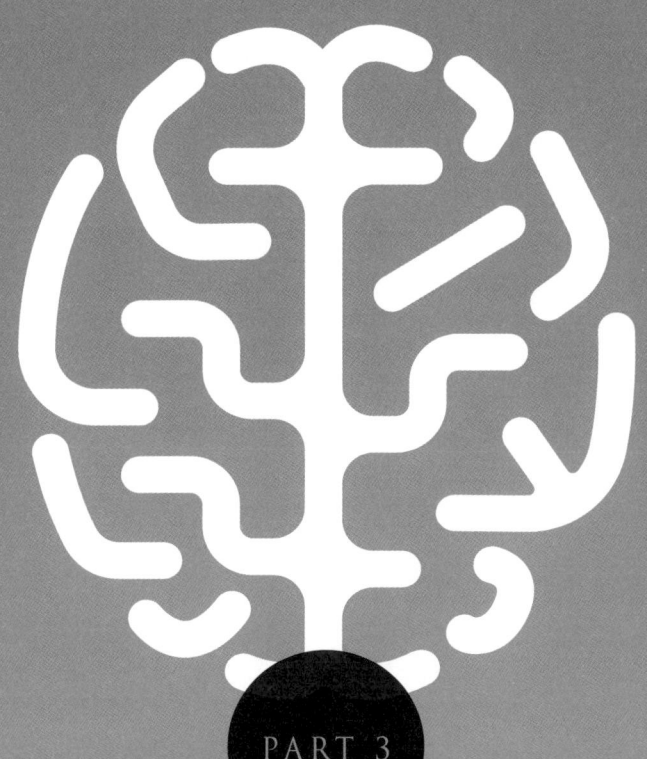

# PART 3

# '어떻게' 반복해야 하는가

**반복 원칙 1** 단기에서 장기, 장기에서 자동 기억을 처음 만들 때에는 집중적인 자극이 필요하다.

**반복 원칙 2** 매일, 자주, 꾸준히 자극하라.

**반복 원칙 3** 즐겁게!

# 01
# '어떻게' 반복해야 하는가

## 에빙하우스 망각곡선 다시 보기

심리학자인 에빙하우스(Hermann Ebbinghaus)는 본인의 이름을 딴 곡선 하나를 그려냅니다. 곡선의 이름은 에빙하우스의 망각곡선.

그는 파리의 전경이 내려다보이는 방을 하나 잡고 칩거에 들어갑니다. 그러고는 XUY, ZAV, TOB 같은 무의미한 자음-모음-자음의 단어를 수없이 만들어서 밑도 끝도 없이 외웁니다. 이후에는 외운 것을 하염없이 적어 내려갑니다. 그는 이 실험을 통해서 기억과 망각의 속도를 점으로 그려냈습니다. 돈 한 푼 안 들이고,

오직 본인 머리만으로 진행한 초절약형 심리 실험으로 그는 심리학 역사에 길이 남는 곡선을 남깁니다.

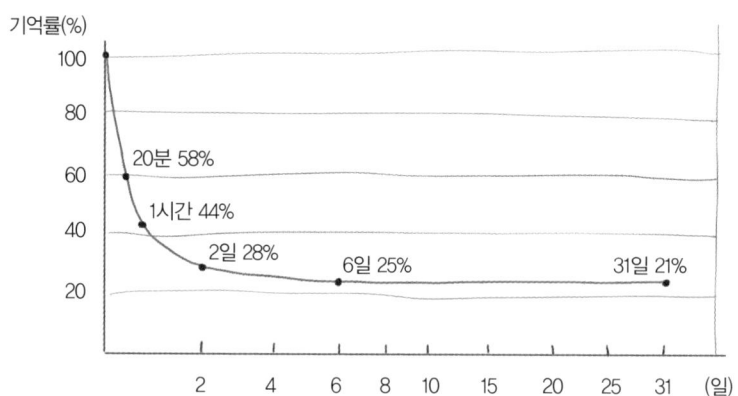

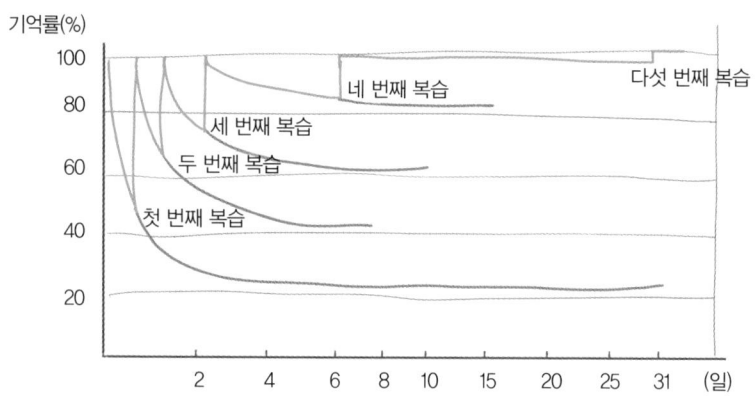

에빙하우스는 이 실험을 통해 기억의 망각패턴을 밝혀냅니다.

100개의 단어를 외웠다면 처음 20분 동안 약 40%가 사라집니다. 1시간 동안 약 50%가 사라지고, 하루가 지나면 약 20%만 남습니다.

에빙하우스는 여기에서 멈추지 않고 같은 단어를 여러 번 반복해서 외우고 그것을 점으로 찍어 복습곡선을 그려냅니다. 그는 수차례 반복해서 외우면 망각하는 것이 점점 적어진다는 것을 알아냅니다. 다시 말해 몇 번 반복해서 외우면 더 많이 외울 수 있으며, 4-5회 정도 반복해서 외우면 거의 100% 외울 수 있게 된다는 것을 알아냅니다.

에빙하우스의 망각곡선에 따르면, 우리의 기억은 처음 20분 동안 굉장히 가파르게 머릿속에서 사라지는 것을 알 수 있습니다. 다음 1시간 동안은 그보다 조금 덜 가파르게 사라집니다. 이후부터는 완만하게 사라지며, 약 20% 정도는 남아서 수일간 사라지지 않습니다. 그리고 반복해서 외우면 망각의 속도가 줄어듭니다. 에빙하우스 곡선이 말하는 망각, 복습의 핵심을 정리하면 다음과 같습니다.

1. 처음에 몹시 빠르게 사라진다.
2. 이후에는 완만하게 사라진다.
3. 약 20%는 남아서 오래간다.
4. 여러 번 주기적으로 반복하면 점점 망각하는 정도가 줄어든다.

그럼 에빙하우스 망각곡선을 단기기억 구간과 장기기억 구간으로 나누어 살펴보겠습니다. 곡선의 20분 구간은 뇌신경연결의 단기기억 구간이기 때문에 기억이 빠르게 사라지는 것으로 추정할 수 있습니다. 그렇다면 이 구간의 끝에서 수일간 사라지지 않은 20%는 운 좋게 장기기억화된 뇌신경연결일 것입니다. 반복하지 않았지만 강한 감정이나 집중에 의해서 크랩(CREB)이 생긴 경우라고 볼 수 있습니다. 그리고 복습곡선에서 같은 단어를 반복해서 외워 수일, 수주 동안 유지되는 기억은 반복 자극에 의한 장기기억 구간입니다.

100개의 단어를 외우면 100개의 뇌신경연결조합이 생겨납니다. 에빙하우스가 임의로 만든 TUS라는 단어의 연결조합에도 굉장히 많은 수의 뇌신경연결이 필요합니다. 그러나 단어를 한 번

외웠을 때 생기는 단기기억 연결은 곧 사라집니다. 단기기억은 수분 정도만 지속되는 기능 강화 상태이기 때문입니다. 반대로 반복 자극을 통해 장기기억으로 남는 뇌신경연결은 상대적으로 오래갑니다. 수일 혹은 수주간 남을 수 있습니다. 장기기억은 세포의 해부학적 모양을 바꾸기 때문입니다. 유전자가 발현되어서 세포의 모양이 변하면 그 변화는 오래 갑니다. 단기기억에 비해 극적으로 오래갑니다.

이처럼 하나의 뇌신경 모듈은 충분히 자극을 주어야 장기 연결될 확률이 높아집니다. 에빙하우스가 만든 세 음절의 단어 각각은 뇌신경연결 모듈을 각각으로 이룹니다. 그런데 에빙하우스가 외운 단어는 EYE, SAY, EAR처럼 뜻이 있는 단어가 아닙니다. TOR, QUP처럼 생전 처음 보는 단어입니다. 처음 보는 단어라는 것은 기존에 연결되어 있는 뇌신경연결 모듈이 없다는 의미입니다. 즉 기존의 연결을 사용할 수 없습니다. 모든 세 음절 단어들을 새롭게 연결, 기억해야 합니다. 그러므로 단기기억을 거쳐 장기기억으로 이어지는 작업을 새롭게 거쳐야 합니다. 다시 말해, 자주, 자주 자극을 주어야 한다는 것이죠.

언어 심리학자 핌슬러(Paul Pimsler)는 외국어 단어 한 개를 외울 때 반복의 주기를 "5의 n제곱 초만큼 반복하라."고 말합니다. 즉, 첫 학습 뒤에 5초, 25초, 2분, 10분, 1시간, 5시간, 1일, 5일, 25일, 4개월, 2년마다 반복하는 것이 가장 효과적이라는 것이죠. 이렇게 열 번 반복하면 2년 정도 가는 장기기억이 만들어진다고 말합니다.

에빙하우스의 망각곡선과 핌슬러의 제안에서 우리는 반복 자극을 어떻게 해야 하는지에 대한 팁을 얻을 수 있습니다. 새롭게 기억을 만들 때는 자극의 간격이 매우 촘촘해야 한다는 것입니다. 연결이 만들어진 이후에는 자극의 간격을 서서히 늘려도 되구요. 이처럼 처음 뇌신경연결을 만들기 위해서는 집중적인 자극이 필수입니다. 잉크 한 방울로는 뇌신경연결이 만들어지지는 않습니다. 잉크 여러 방울을 집중해야 뇌세포 속의 핵까지 퍼져나갈 수 있습니다. 잉크를 핵 속에 넣기 위해서는 잉크 여러 방울이 필요합니다. 여러 방울의 잉크가 집중적으로 모여야 합니다. 집중된 자극이 핵 속에 잉크를 넣어서 뇌신경연결을 만들 수 있습니다.

"단기, 장기, 자동기억을 처음 만들 때는 집중 자극의 시간이 필요하다."

## 에빙하우스의 망각곡선의 확장

에빙하우스의 망각곡선은 단어 외우기라는 실험을 통해서 그려낸 곡선이지만 다양한 형태의 뇌신경연결조합의 확장에도 적용할 수 있습니다. 에빙하우스 곡선은 그저 단어를 외우는 의식적 기억에 대한 곡선이 아니라는 말입니다. 뇌신경연결조합을 이루어 나갈 때, 단기에서 장기로, 장기에서 자동으로 연습을 해나갈 때 에빙하우스의 망각곡선은 꼭 참고해야 할 곡선입니다.

예컨대 새로운 골프 스윙을 익히려 한다면 연습의 빈도를 어떻게 해야 할까요? 이전의 골프 스윙을 유지하는 것이 아니라면 집중적인 반복 연습이 필요합니다. 이미 습득한 스윙은 간헐적인 연습만으로도 유지되지만, 백스윙의 크기를 크게 하거나 작게 하는 등으로 스윙에 새로운 변화를 주려 한다면, 새로운 스윙에 익숙해질 때까지 최대한 집중의 시간이 필요합니다. 아주 작은 스윙의 변화라도 이 변화를 단기, 장기, 자동기억까지 만들기 위해서는 집중의 자극이 필요한 것이죠.

그렇다면 언제까지 집중의 시간을 가져야 할까요?

바로 자동기억으로 안착될 때까지입니다. 자동기억까지 연결된 후에는 간헐적인 연습만으로도 실력은 장기적으로 유지됩니다. 이처럼 단기→ 장기→자동기억으로 가는 길은 무척 복잡한 양상으로 전개됩니다.

## 위성이 궤도에 진입하기 위해서는 집중적인 추진력이 필요하다

지구에서 지구 밖으로 위성을 쏘아 올리려면 로켓의 강한 추진력이 필요합니다. 지구 주위의 일정 궤도에 위성이 진입하기 위해서는 강하고 집중적인 추진력이 있어야 하는 것이죠. 이때 로켓의 추진력이 부족하다면 위성은 궤도에 진입하지 못하고 로켓과 함께 지상으로 떨어지고 말 것입니다. 따라서 그 추진력은 지구를 탈출하여 지구 궤도에 도달할 수 있을 정도의 집중적인 추진력이어야 합니다. 이것은 처음 뇌신경연결을 할 때 집중적인 반복 자극이 필요한 것과 다를 것이 없습니다. 이렇게 로켓의 집중적인 추진력으로 지구 궤도에 올라선 위성은 더 이상의 에너지 없이도 지구 주위를 돌게 됩니다.

만약 위성을 더 큰 궤도에 올리려 한다면 어떻게 해야 할까요? 다시 추진력을 주어야 할 것입니다. 물론 이때도 집중된 추진력이 필요합니다. 이후 또 다시 더욱 큰 궤도에 위성을 올리려고 한다면 또 추진력을 집중해서 주어야 합니다. 이처럼 한 궤도에서 또 다른 궤도로 바꾸기 위해서는 집중된 추진력이 필요합니다.

처음 물길, 썰매길을 만들기 위해서는 집중적으로 물을 흘리고, 썰매를 내려 보내야 합니다. 그래야 길이 새롭게 만들어집니다. 하지만 이미 만들어진 길은 간헐적 자극만으로도 길이 유지됩니다. 처음 새롭게 뇌신경연결조합을 만드는 동안은 집중 자극의 시간이 반드시 필요합니다. 그래서 단기, 장기기억을 거쳐 자동기억이 되었다면 간헐적인 자극으로도 충분합니다. 이미 형성된 뇌신경연결이라면 간헐적 자극에도 연결은 유지되기 때문입니다.

**원칙 1 모듈을 단기에서 장기, 장기에서 자동기억을 처음 만들 때는 집중적인 자극이 필요하다.**

**02**
# 바다 달팽이
# 훈련하기

에릭 캔델(Eric Kandel)은 기억이 머릿속 어디에 어떻게 저장되는지를 밝히기 위해 일생을 바친 뇌 과학자입니다. 그런데 재미있게도 그는 인간의 뇌 연구를 위해 인간의 뇌를 버리고 바다달팽이를 연구 대상으로 삼았습니다. 많은 연구자들이 우려의 시선을 보냈지만, 그는 결국 '뇌 속 기억의 분자생물학적 기전(메커니즘)'을 바다달팽이를 통해 밝혀냈습니다.

## 4일 동안 하루 4번 30분마다 자극

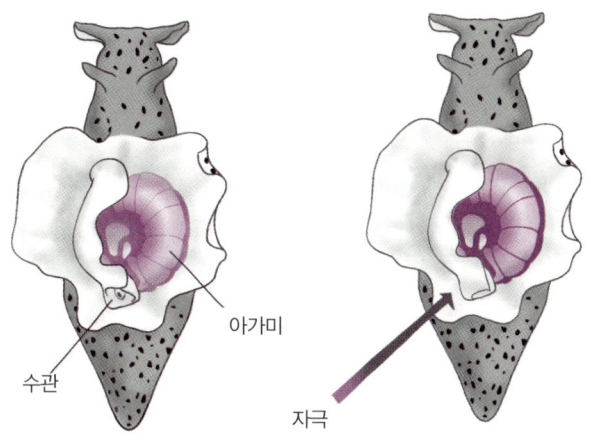

바다달팽이의 수관 아가미 반사

바다달팽이에게는 '수관-아가미 반사'가 있습니다. 수관(연체동물에서, 물, 먹이, 배설물 따위를 출입시키기 위한 관)을 건드리면 아가미가 움츠러드는 반사작용입니다. 이러한 '수관-아가미 반사'는 반사작용이지만 자극 방법에 따라 다양하게 반응합니다. 자극을 주는 빈도와 시간 간격을 달리하면 반사의 반응 정도가 달라지는 것이죠. 반응 정도를 정량화하는 방법은 아가미 반사의 움츠러드는 힘과 시간을 측정하는 것입니다. 즉 아가미가 움츠러드는 힘이 세고, 오래 움츠러들면 '반응이 강하다'고 평가합니다.

에릭 켄델은 실험을 다섯 가지 방법으로 진행했습니다.

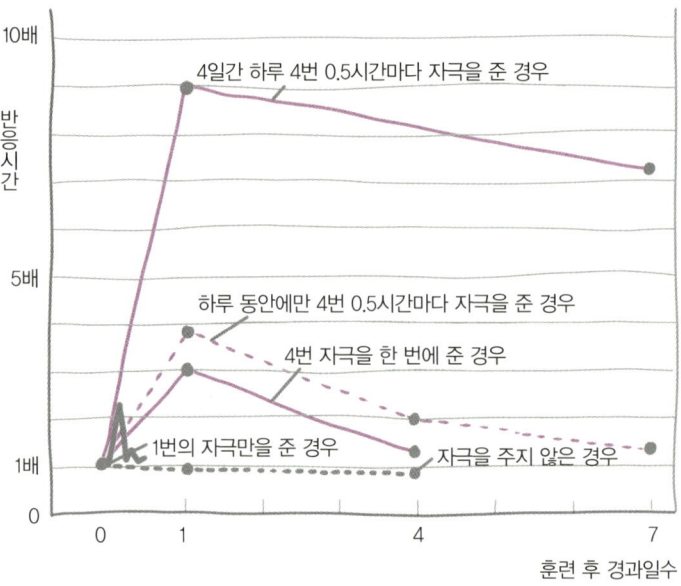

1. 자극을 주지 않는다.

2. 1번만 자극을 준다.

3. 4번의 자극을 한꺼번에 이어서 준다.

4. 하루 4번 자극을 주되, 30분마다 준다.

5. 하루 4번 30분마다 주는 자극을 4일 동안 한다.

그래프에 나타나 있듯이 다섯 번째 자극 방법, 즉 '4일 동안 하루 4번의 자극을 30분마다 주는 방법'이 가장 효과적이었습니다. 이렇게 할 때 가장 강하고 오래 아가미가 수축했습니다. 효과의 지속 시간 또한 7일 이상 유지됐습니다. 나머지 2, 3, 4번 방법은 효과가 미미했고, 그 효과조차도 가파르게 사라졌습니다.

이 실험에서 우리는 다음의 몇 가지를 주목해야 합니다.

- 단 한 번의 자극은 의미 없다 : 한 번의 자극은 단기기억이기 때문에 빠르게 그 자극의 효과가 사라집니다.
- 4번의 자극을 똑같이 주더라도 자극 사이에 시간 간격을 두는 것이 좋다 : 4번의 자극을 연속해서 주는 것보다는 조금의 시간을 두고 자극을 주는 것이 신경연결을 더 잘 만듭니다.
- 하루 4번의 간헐적 자극을 4일 동안 주었을 때는 일반적 강도보다 두 배 이상, 그 지속 시간도 훨씬 오래간다 : 신경세포의 연결망이 4일에 걸쳐 축적되어 만들어지기 때문입니다. 여러 개의 신경세포들이 장기연결로 되면서 축적되었기에 더 강하게, 더 오래 지속될 수 있는 것입니다. 캔델의 실험에서는 4일간만 유지했지만 5일, 6일, 7일 등으로 자극을 더 확대한다면 더 강하고, 더 오래가는 신경연결을 만들 수 있을 것입니다.

에릭 캔델은 바다달팽이의 단순한 반사 과정 실험을 통해서 인간의 뇌신경연결의 비밀을 풀었습니다. '수관-아가미 반사'는 무척 단순한 반사 과정이지만 수많은 신경세포의 연결을 이 단순한 반사 작용 실험으로 설명할 수 있습니다. 즉, 단기연결이 장기연결로 되기 위해서는 결국 더 자주, 매일 자극을 주어야 한다는 것이죠. 캔델의 실험에서처럼 매일, 자주, 꾸준히 자극하면 더 강한 신경연결, 더 오래가는 연결을 만들 수 있습니다. 장기기억, 장기연결을 만드는 신경세포 연결의 수가 누적되며 더 많아지기 때문입니다.

### 점자를 읽을 때의 뇌 영역의 변화

하버드 의대 부속병원인 베스 이스라엘 디코니스 메디컬센터의 센터장인 파스쿠알-레오네(Alvaro Pascual-Leone)는 두개골을 열지 않고 운동피질을 그려내는 데 성공합니다.

그는 이 기술을 이용해서 '점자를 읽을 때의 뇌 영역의 변화'를 그려내는 작업에 착수합니다. 그 결과 점자를 읽는 손가락, 즉 검지의 뇌지도가 다른 손가락에 비교하여 크다는 것을 알아냅니다.

또 이 지도가 커지면서 분당 읽는 단어의 수도 함께 증가하는 것을 확인합니다.

파스쿠알-레오네는 매주 두 번의 뇌지도 영역을 확인했습니다. 월, 화, 수, 목, 금요일까지 연습을 한 후 금요일에 뇌지도 영역을 확인하고, 토, 일요일에는 연습을 쉬고 월요일에 영역을 다시 확인했습니다. 그 결과 금요일의 뇌지도 영역과 월요일의 뇌지도 영역은 비슷하면서도 큰 차이를 보인다는 것을 알아냈습니다.

금요일의 지도는 6개월 동안 계속 커졌습니다. 하지만 토, 일요일을 지나면 다시 월요일의 지도로 되돌아갔습니다. 반면 월요일의 지도는 훈련 6개월까지는 크게 변화를 보이지 않다가 6개월 이후부터 서서히 커지기 시작했고 10개월쯤에는 증가가 멈췄습니다.

월요일 지도의 변화는 금요일 지도의 변화만큼 극적이지 않았지만 안정적이었습니다. 그리고 실험 대상자들의 실력은 금요일의 지도보다는 월요일의 지도와 훨씬 더 밀접하게 연관되어 있었습니다.

실험이 시작되고 10개월 후에 점자를 배우던 실험자들은 휴학을 했습니다. 그리고 나서 2개월 뒤에 복학을 한 후 다시 확인한 결과, 그들의 점자 뇌지도는 2개월 전 월요일 지도와 거의 비슷했습니다.

파스쿠알-레오네는 위의 실험 결과를 토대로, 빠르게 변화하는 금요일 뇌지도의 변화는 이전에 있었던 뉴런의 연결을 강화하거나 이전에 있었지만 잘 사용하지 않던 연결을 사용하는 것으로 해석했습니다. 이에 반해 더 느리지만 더 오래가는 월요일의 뇌 변화는 새롭게 뉴런이 연결되는 것으로 해석했습니다.

예전에 대학에 다닐 때 시험을 보기 위해 하룻밤 동안 벼락치기를 했던 기억이 납니다. 벼락치기는 그야말로 벼락입니다. 번쩍하며 시험지에 쏟아내고 나면 하룻밤의 공부는 머릿속에서 사라져버렸습니다. 반면에 수개월 동안 반복해서 준비한 의사고시나 전문의 시험 준비 내용은 시험이 끝나고도 기억에 오래 남았습니다. 물론 지금은 많이 잊었습니다. 연결이 되었더라도 사용하지 않으면 연결은 서서히 사라지니까요.

짧은 시간 연습하더라도 실력은 향상됩니다. 하지만 오랜 시간 유지되지는 않습니다.

더 강하고 더 오래가는 '수관-아가미 반사'를 위해서는?

실력에 더 비례하는 월요일 뇌지도를 그리기 위해서는?
더 강하고 더 오랫동안 실력을 유지하기 위해서는?

'매일, 자주, 꾸준히' 자극을 주어야 합니다.

뇌신경연결의 세계에서는 토끼의 가벼운 뜀뛰기보다 거북이의 우직한 발걸음이 더 빛을 발합니다.

**원칙2 매일, 자주, 꾸준히 자극하라.**

# 03
# 상상은
# 머릿속 실제자극이다

**상상은 실제 머릿속의 뇌신경연결을 발화한다**

글씨를 쓰는 상상을 해보도록 하겠습니다. 먼저 눈을 감고 오른손을 이용해서 글씨를 쓰는 상상을 해보세요. 이어서 왼손으로 글씨를 쓰는 상상을 합니다. 어떤가요? 오른손으로 쓰는 상상이 왼손으로 쓰는 상상보다 더 자연스럽게 느껴지나요? 물론 오른손잡이라면 그렇다는 것입니다. 왼손잡이는 왼손이 더 자연스럽게 느껴질 것입니다.

파킨슨병 환자는 뇌간의 도파민 세포 부족으로 몸의 움직임이 느리고 부자연스럽게 됩니다. 그런데 몸을 움직이는 속도만 느려지는 것이 아닙니다. 이들의 상상 속 몸의 움직임 또한 느려집니다.

이번에는 엄마의 얼굴을 상상해보겠습니다. 이때 기능뇌영상 촬영을 하면 실제로 엄마의 얼굴을 볼 때 자극되는 뇌 영역이 붉게 보입니다. 즉 실제 볼 때 발화되는 뇌 영역은 상상을 할 때 자극되는 뇌 영역과 거의 비슷합니다. 뇌에는 얼굴만을 처리하는 시각 영역이 따로 있는데, 만약 이 부분이 손상되었다면 사람의 얼굴을 알아보지 못하게 됩니다. 물론 엄마의 얼굴도 알아보지 못하게 됩니다. 더불어서 상상으로도 엄마의 얼굴을 떠올릴 수 없게 됩니다.

### 피아노 상상 연습의 효과

피아노 상상 연습은 실제 연습과 크게 다르지 않습니다.
상상 연습 5일은 실제 연습 3일과 거의 같은 효과가 있다는 연구 결과가 있습니다. 또 상상 연습 3일과 함께 실제 연습 2일을 하면 실제 연습 5일 한 것과 거의 같은 효과를 냅니다.

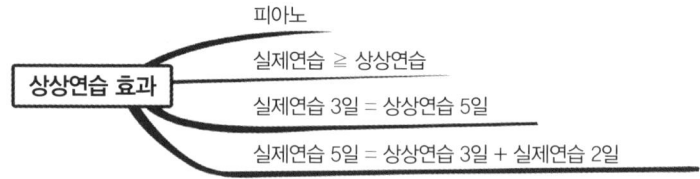

어떻게 이런 결과가 나올까요? 상상이 뇌신경연결에 실제로 자극을 주기 때문입니다. 반복된 상상으로 뇌신경연결망에 반복 자극을 주면 실제 뇌신경연결망이 물리적으로 바뀝니다. 이처럼 뇌신경연결의 세계에서는 실제 자극과 상상 자극이 다르지 않습니다. 그러니 머릿속 상상 또한 좋은 자극이 되도록 노력해야 합니다.

### 이미지 트레이닝

수영 황제 마이클 펠프스는 일곱 살부터 수영을 시작했습니다. 펠프스의 수영 코치 밥 바우먼은 펠프스가 십대 소년일 때부터 '잠들기 전, 또 일어난 직후 비디오테이프를 보라'고 지시합니다. 그런데 코치가 보라고 지시한 비디오테이프는 실제 비디오가 아니었습니다. 머릿속 상상의 비디오를 말했던 것입니다. 수영장에 뛰어 들어가고, 물속을 가르고, 이후 수영모를 벗을 때까지의 일련의 상황에 대한 영상을 머릿속에서 그려보도록 한 것입니다. 그는 아침, 저녁에 시공간을 뛰어넘어 실제 수영장에서의 연습을 머릿속에서 했던 것이지요.

펠프스가 매일 두 차례 아침저녁으로 했던 훈련을 이미지 트레이닝이라고 합니다. 이미지 트레이닝은 많은 운동 선수들이 활용하고 있습니다. 우리나라 선수들 중에서도 역도의 장미란 선수, 유도의 이원희 선수 등이 이미지 트레이닝을 꾸준히 했던 것으로 알려져 있습니다.

이러한 상상 연습을 통해서 많은 선수들이 상당한 훈련 효과를 보았다고 이구동성으로 말합니다. 그렇다면 상상 훈련에서 실제적인 효과를 보았다는 것은 무엇을 의미할까요? 상상은 뇌신경 영역에 실제 자극을 주며, 따라서 상상 연습의 효과는 실제 연습과 크게 다르지 않다는 것입니다. 시공간의 제약에서 비교적 자유로운 상상 연습을 잘 활용하면 뇌신경연결에 필요한 반복의 양을 충분히 할 수 있습니다.

뇌신경연결의 세계에서는 상상과 실제의 경계가 모호하고 흐려집니다. 이러한 깨달음은 반복의 양을 채우기 위한 좋은 전략을 만들 수 있습니다.

# 04
# 매일, 자주, 꾸준히, 그리고 즐겁게

**너는 이 악기를 얼마나 오래할 것 같니?**

1997년, 게리 맥퍼슨(Gary McPherson) 박사는 악기를 배우는 학생들에게 진도 차이가 있는 것을 보고 그 이유가 궁금해졌습니다. 원인을 찾기 위해 맥퍼슨 박사는 학생들에게 여러 가지를 조사하고 물었습니다. 학생들의 청각적 감수성, 집안의 사회적 지위, 아이큐, 운동감각, 리듬감 등을 조사했습니다. 그리고 그중에서 무엇이 악기를 배우는 진도와 관련이 있는지를 밝히기 위해서 연구를 했습니다.

하지만 무엇이 학생들의 진도 차이에 영향을 미치는지 알 수 없었습니다.

그러다가 학생들에게 했던 여러 질문 중 하나가 진도와 밀접하게 연관이 있다는 것을 알아냈습니다. 연습량이 많은 학생들일수록 그 연관성은 더 크고 뚜렷했습니다. 그 질문은 다음과 같았습니다.

"너는 이 악기를 얼마나 오래할 것 같니?"

이 질문이 어떻게 성취도(진도)와 연관될 수 있을까요? 이 질문은 과연 어떤 의미가 있는 걸까요? 다름 아니라 이 질문은 악기에 대한 학생들의 내적 태도를 묻는 질문입니다.

앞의 질문에 학생들은 "올해까지만 하다가 말 것 같아요.", "초등학교 때까지는 하겠지요.", "저는 오랫동안, 어쩌면 평생 할 거 같아요." 등 다양한 대답을 쏟아냈습니다. 이 대답들은 악기에 대한 학생들의 태도를 드러내고 있습니다. 악기가 자신에게 어떤 의미이며, 악기를 연주할 때 얼마나 열정과 호기심을 느끼는지에 대한 정도를 나타내는 것이죠. 그렇습니다. '열정'과 '호기심'.

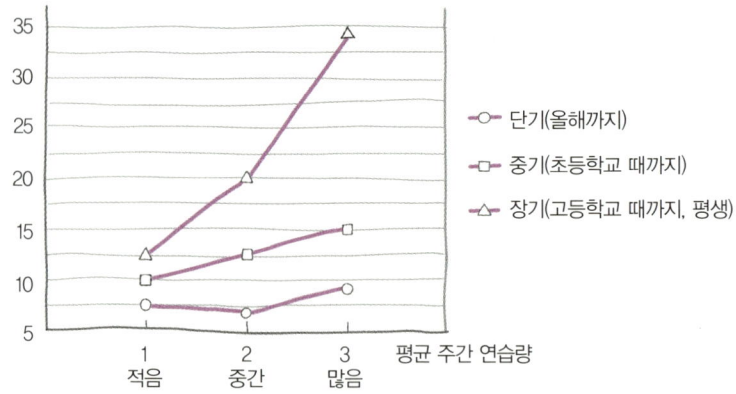

이 두 단어 '열정'과 '호기심'을 한 단어로 줄여보면 바로 '즐겁게'가 될 것입니다. '무언가를 오래할 거 같다는 것'은 그만큼 '그 무언가에 열정과 호기심이 있다는 것'이고, '그것을 하는 것이 즐겁다'는 말일 것입니다.

앞의 그래프는 연습량이 적은 학생들, 중간인 학생들, 많은 학생들 모두에게서 "악기를 오래할 것이다."라고 답한 학생들의 성취가 높다는 것을 보여줍니다. 더불어 연습량이 많을수록 그 차이는 더 뚜렷하고 더 확실하다는 것도 알 수 있습니다. 반복되는 악기 연습에 '즐겁게'라는 키워드가 빠진다면 반복의 성과가 반감되는 것은 물론, 반복 자체가 쉽지 않을 것입니다. '지금'을 그저 버티기만으로 보내는 것은, 자신의 삶을 너무 가혹하게 만드는 일이 아닐까요? 그러므로 다음 두 가지를 늘 생각해야 합니다.

1. 즐거운 일을 한다.
2. 일을 즐겁게 한다.

성과를 내기 위해서는 적어도 둘 중에 하나는 되어야 합니다. 내가 즐거운 일을 하든지, 일을 즐겁게 하는 방법을 찾아내든지요. '즐겁게'는 '반복'을 할 때 더 확실하고 찐하게 뇌신경연결을 이루게 합니다. '즐겁게'는 성취와 행복을 가져오는 데 가장 중요한 요소입니다.

### 몰입, 물길을 따라 모든 것이 저절로 흐르는 듯하다

미하일 칙센트미하일((Mihaly Csikszentmihalyi) 교수는 창의적 업적을 만들어낸 사람들에게는 '몰입'이라는 공통적인 요소가 있다는 것을 발견했습니다.

미하일 교수는 몰입을 플로우(flow), 즉 흐름이라고 불렀습니다. 창의적 업적을 이룬 사람들이 몰입 상태에서의 느낌을 모두 비슷하게 표현했기 때문입니다. "물길을 따라 모든 것이 저절로 흐르는 듯하다."라고 말입니다.

몰입은 어떻게 이들을 위대한 성과로 이끌었을까요? 몰입 상태가 되면 재미에 흠뻑 빠지고, 시간 감각이 왜곡되고, 자아가 확장되는 느낌을 받습니다. 여러분은 컴퓨터 게임을 하거나, 스키를 타거나, 중요한 발표를 할 때 이런 경험을 한두 번쯤 해보셨을 겁니다.

아래의 그림처럼 가진 기술 수준과 도전 과제가 서로 적절한 수준으로 이루어지면 지루하지도, 불안하지도 않은 최적의 경험을 할 수 있게 됩니다. 몰입을 하게 되는 것이죠.

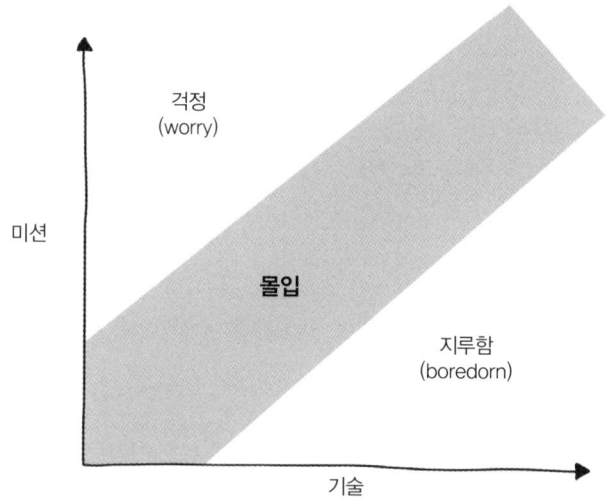

몰입의 순간 우리의 머릿속에서는 도파민 등의 신경화학물질이 뿜어져 나옵니다. 도파민은 흥분하고, 재미있고, 호기심을 느낄 때 나옵니다. 같은 자극이 대뇌에 들어오더라도 뇌줄기에서 도파민이 뿜어져 나오게 하는 자극은 더 치밀하고, 더 단단한 연결을 만듭니다. 몰입감은 우리의 뇌에 긍정적 중독을 일으킵니다.

이처럼 깊이 빠져들어 일을 하면 그 일에 대한 뇌신경연결은 더 단단해지고 치밀해집니다. 생계나 의무를 위한 노력을 넘어, 일 자체, 재미 자체를 추구하는 노력을 하게 되는 것이죠. 그러므로 창의적 업적을 남긴 이들에게 일은 일종의 놀이와 다를 것이 없습니다. 본인들은 신나게 즐겼는데 주변 사람들은 열심히 노력했다고 평가하는 것이죠.

천재는 노력하는 자를 넘을 수 없고, 노력하는 자는 즐기는 자를 넘을 수 없다는 말이 있습니다. 뇌 과학의 관점에서 볼 때도 '노력하는 자'보다 '즐기는 자'가 더 큰 성취를 이룰 가능성이 많다고 말할 수 있습니다. 물론 즐기되 반복을 게을리 하면 안 되겠죠. 즐겁게, 놀이처럼, 그리고 충분히 반복했을 때 즐기는 자는 노력하는 자를 넘어설 수 있습니다.

수많은 성취자들이 '사랑하는 일을 하라'고 말합니다. 물론 이들이 뇌과학을 정확하게 알고 말한 것은 아니겠지만, 수많은 실패를 딛고 이룬 성취 경험을 통해서 '사랑하는 일을 할 때 가장 많은 뇌신경연결이 만들어진다'는 것을 몸소 체득했다는 것을 보여줍니다.

뇌신경연결의 세 번째 원칙, '즐겁게'입니다.

**원칙3 즐겁게!**

# 05
# '같은 반복'을 '다른 결과'로 만드는 비밀 레시피

'즐겁게'는 어떻게 '같은 반복'을 '다른 결과'로 만들어내는 걸까요?

## 1. 도파민이 뿜어져 나온다

무언가를 즐겁게 할 때면 우리의 뇌는 도파민을 만들어냅니다. 도파민은 우리의 뇌간에 있는 신경세포에서 분비합니다. 이 신경세포는 길게 뻗어 대뇌의 다양한 영역에 넓게 연결되어 있는데요, 행위에 즐거움을 느끼는 순간 혹은 목표에 집중하는 순간,

도파민을 분비합니다. 도파민은 뇌신경연결을 돕는 아주 중요한 물질입니다. 도파민이 신경세포에서 분비되면 단기기억이 장기기억으로 쉽게 이동합니다.

## 2. 내적 반복을 하도록 이끈다

즐겁게 한 행위는 자꾸 생각납니다. 자꾸 생각나는 그 자체가 반복입니다. 체스에 빠진 사람은 언제 어디서나 머릿속에서 체스를 둘 수 있습니다. 피아노에 빠진 사람은 피아노를 치지 않아도 머릿속에 피아노 선율이 흐릅니다. 당구에 빠진 사람은 누워서도 당구를 칩니다. 천정이 당구대로 바뀌기 때문입니다. 이런 내적 반복이 실제 행동은 아니지만 분명한 반복입니다. 상상(내적 반복)은 우리의 머릿속에서 실제로 전기적 자극을 일으킵니다. 따라서 상상 연습은 실제 연습과 크게 다르지 않습니다. 내적으로 자꾸 떠올리면 사실상 '매일, 자주, 꾸준하게' 반복하는 것과 마찬가지입니다.

이처럼 내적 상상은 상상으로만 끝나지 않습니다. 상상을 하면 머릿속 뇌신경연결이 자극됩니다. 사랑하는 사람의 얼굴을 떠올리면 우리 머릿속에서는 얼굴 영역이 활성화됩니다. 시큼한 레몬 맛을 상상하면 입에 침이 고입니다. 맛 영역에서 레몬 맛이 자극됐기 때문입니다. 만약 우리 머릿속의 얼굴 영역이 망가진다면 어떻게 될까요? 사랑하는 사람의 얼굴을 떠올릴 수 없게 됩니다. 맛 영역이 망가진다면 레몬 맛을 상상할 수 없게 됩니다. 말하기 뇌 영역이 망가지면 말을 할 수 없을 뿐만 아니라 말하는 상상도 할 수가 없게 됩니다.

실제 행위를 위해서는 관련 뇌 영역이 필요합니다. 더불어 내적 상상에도 실제 뇌 영역이 필요합니다. 머릿속에서는 실제와 상상의 경계가 모호합니다. 따라서 실제로 하든, 상상으로 하든 관련 영역에 반복자극을 하는 효과가 있습니다.

### 3. 뇌신경연결 형성을 돕는다

강한 감정은 반복과 더불어 뇌신경연결을 가장 많이 돕습니다.

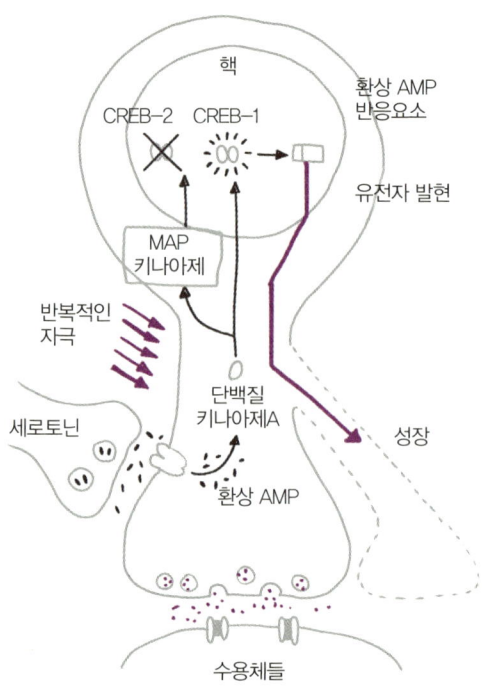

크랩은 두 가지가 있습니다. 크랩-1은 반복자극에 의해 생성되고 유전자의 스위치를 켜서 장기기억을 만듭니다. 크랩-2는 장기기억을 억제하는 역할*을 합니다. 그런데 감정적으로 강한 자극은 크랩-2의 '장기기억 억제를 억제'합니다. '억제를 억제한다'는

* 크랩-2가 장기기억을 억제하는 역할을 하는 이유는 모든 경험과 자극이 뇌신경연결을 만들지 못하게 하기 위한 것이다. 중요한 것을 골라서 기억하는 것이 생존과 번식에 더 유리하기 때문이다.

말은 결국 '촉진한다'는 말입니다. 장기기억으로 가는 자동차를 크랩-2를 이용해서 브레이크 걸어 놓았는데, 강한 감정이 브레이크를 푸는 것입니다. 뇌 속에 저장할지 말지를 정하는 기준은 감정적 중요성입니다. 즉 강한 감정에 따른 기억은 반복을 많이 하지 않아도 장기기억이 됩니다. 이것이 바로 강한 감정적 상황이 잘 기억되는 이유입니다. 감정이 올라간 기억은 중요도가 올라가며 기억, 연결이 빠르게 만들어집니다.

섬광기억(flashbulb memory, 놀랍고 중대한 소식을 들었을 때에 대한 자세한 기억)은 강한 감정이 동반되는 기억입니다. 우리는 '큰 사고', '첫 키스', '누군가의 죽음' 등을 생생히 기억합니다. 영화를 보고나서 가장 기억에 남는 장면은 감정을 고조시키는 장면입니다. 감정이 크랩-2의 '억제를 억제'해서 뇌세포연결을 돕기 때문입니다.

강한 감정은 반복과 더불어 뇌신경연결을 이루기 위해 반드시 필요합니다. 강한 감정에는 공포, 슬픔, 즐거움 등이 있습니다. 그 많은 감정 중에 즐거움은 우리가 다가가고자 하는 '추구 감정'입니다. 반면에 공포, 슬픔은 피하고자 하는 '회피 감정'입니다. 즐거웠던 행위는 다시 하고 싶습니다. 즉, '즐거움'은 강한 감정 중에서도 반복을 이끄는 감정이기에 내적 반복뿐만 아니라 실제 반복을 하도록 이끕니다.

## [ 크램아카데미 3 ] **'1만 시간의 법칙' 다시 보기**

　엔더슨 에릭슨(Anders Ericson) 박사는 독일의 음악아카데미 바이올리니스트를 대상으로 연습 시간과 실력의 상관관계를 조사합니다. 최고 수준의 바이올리니스트는 1만 시간의 누적된 연습 시간이 있었고, 우수한 수준은 7,500시간, 보통 수준은 5,000시간이 있었습니다. 엔더슨 박사는 이 결과를 확장 적용하여 한 분야의 대가가 되기 위해서는 1만 시간의 연습이 필요하다고 주장합니다. 박사는 이를 '1만 시간의 법칙'이라 불렀습니다.

　그는 세기의 신동 모차르트 또한 1만 시간의 법칙에 의한 천재라고 말합니다. 모차르트의 아버지는 모차르트가 약 2세 때부터 주당 35시간의 연습을 시켜서, 8세 무렵에는 1만 시간의 훈련 시간을 통과합니다. 타고난 천재라 알려진 모차르트는 사실 어린 나이에 이미 수많은 수련의 시간을 거쳤던 것입니다.

　'1만 시간의 법칙'은 말콤 그래드웰(Malcolm Gladwell)의 저서

《아웃라이어》에 소개되어 널리 알려집니다. 세상의 평균을 벗어난 '아웃라이어'가 되기 위해서는 1만 시간의 연습이 필요하다는 것입니다.

1만 시간, 감이 오지 않나요?

하루 1시간씩 27년

하루 4시간씩 7년

하루 8시간씩 3.5년

하루 10시간씩 3년

엔더슨 박사 등은 1만 시간을 한 분야에 집중 투자하면 그 분야 최고 수준의 전문가가 될 수 있다고 말합니다.

그런데 1만 시간이 과연 양적인 것만을 의미할까요? 그렇지 않습니다. 양과 더불어 질적인 의미가 포함되어 있습니다. 1만 시간에는 '매일, 자주, 꾸준히, 즐겁게'라는 '질'이 포함되어 있습니다. 1만 시간을 통과하기 위해 '매일, 자주, 꾸준히' 하지 않을 수 있을까요? 그리고 목표를 향해 하나씩 이루는 쾌감 없이, 즉 '즐거움' 없이 1만 시간을 통과할 수 있을까요? 누군가의 강압만으로 1만 시간을 통과할 수 있을까요? 물론 강압으로 시작할 수 있습니다. 하지만 1만 시간을 통과하려면 결국 목표를 자신의 내적 목표로 바꿀 수 있어야 합니다. 즉, 1만 시간이라는 양은 그저 양만을 의미하지 않습니다. 질적인 것을 함께 포함하는 시간입니다.

1만 시간의 법칙은 '매일, 자주, 꾸준히, 즐겁게'를 단지 양적인 시간으로 환산한 것입니다. 그러나 그 '1만 시간'에는 스스로 내적 동기를 만들고 적극적으로 목표를 향했던 질적 시간이 포함되어 있다는 것을 잊지 말아야 합니다.

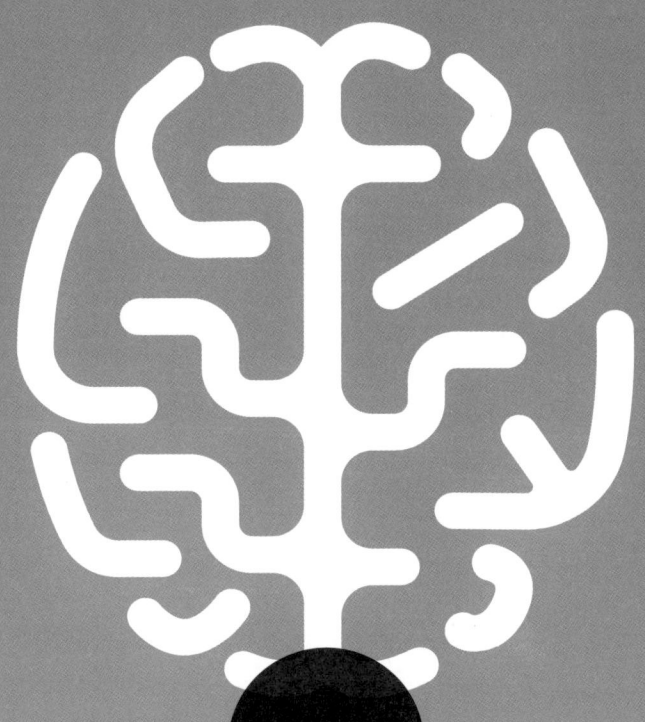

PART 4

# 무엇을 반복해야 하는가

그렇다면 목표를 설정한다는 것은 무엇을 말하는 것일까요.

목표를 설정한다는 것은 지금의 상태와 목표 상태를 비교하여 목표 상태에 이르지 못하게 하는 부분, 즉 약점을 찾아낸다는 것입니다. 그 약점을 없앤 상태가 목표에 이른 상태겠죠.

# 01
# '신중하게 계획된 연습' 그리고 '뇌신경연결조합'

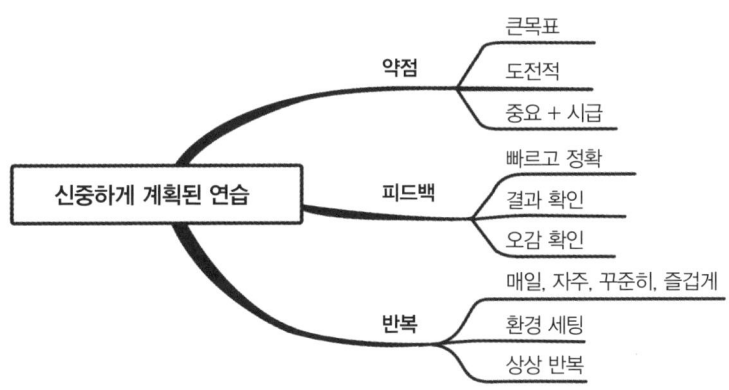

**타고난 재능 VS 신중하게 계획된 연습**

똑같은 노력, 연습을 해도 어떤 사람은 대가의 반열에 오르고, 어떤 사람은 그렇지 못합니다. 이를 두고 대부분의 사람들은 재능의 차이 때문이라고 설명합니다. 하지만 세계적 대가들을 연구한 심리학자 에릭슨 엔더슨(Erison Enderson)은 이와 다른 결론을 내립니다.

보통의 일반적인 실력 향상의 곡선은 다음처럼 그려질 것입니다. 초기에는 실력이 빠르게 향상되다가, 차츰 향상곡선이 느려지고, 결국에는 멈추게 됩니다.

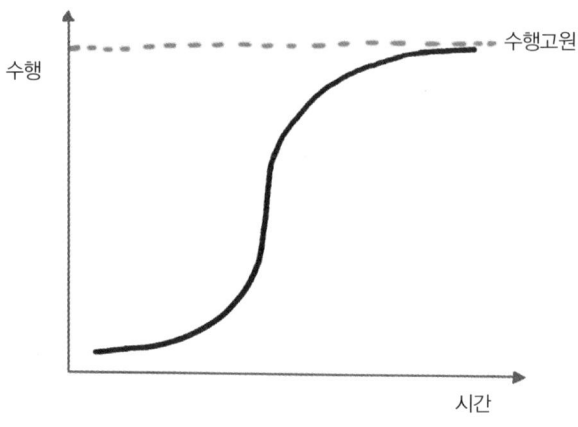

그런데 이러한 일반적인 향상 곡선과 다른 곡선을 만들어내는 소수의 그룹이 있습니다. 이들은 수 년 동안 연습을 해도 곡선이 느려지지 않고 꾸준하게 향상됩니다. 그리고 마침내 대가의 반열에 오르게 됩니다. 에릭슨 교수는 이에 대해 두 가지 이유를 듭니다.

첫째, 대가는 한 분야에서 최소 10년을 넘게 했다.

둘째, 대가는 신중하게 계획된 연습을 했다.

## 신중하게 계획된 연습

신중하게 계획된 연습. 그가 찾은 답입니다. 그렇습니다. 연습은 아무런 생각 없이 반복해서는 안 됩니다. '신중하게 계획'해서 해야 합니다. 에릭슨 엔더슨이 말하는 '신중하게 계획된 연습'이란 무엇일까요?

### 1) 약점을 극복하기 위한 연습

약점을 극복하기 위한 연습을 해야 합니다. 아무런 목적 없이 연습하는 것이 아니라 약점을 찾고, 들추어내어 이를 넘어서기 위한 연습을 고민해야 합니다.

### 2) 결과가 빠르게 나오는 연습

의도했던 결과가 나오는지 빠르게 알 수 있어야 합니다. 그러기 위해서는 목표를 작게 설정하는 것이 좋습니다. 만약 목표에 이르지 못했다면 다시 약점을 찾아 전략을 고민해야 합니다.

### 3) 과정의 반복

위의 1,2 과정을 계속 반복합니다. 즉, 약점을 극복하고, 피드백을 받는 과정을 끊임없이 반복하는 것입니다.

에릭슨 교수는 모차르트 또한 타고난 재능이 아니라 계획된 연습을 통해 대가가 되었다고 설명합니다. 모차르트는 만 2세부터 8세까지 만 시간 이상 연습을 했습니다. 물론 아무렇게나 한 연습이 아닙니다. 모차르트는 음악교육에 관심이 많았던 아버지 덕분에 '신중하게 계획된 연습'을 했습니다.

사람들은 오랫동안 모차르트가 불현듯 머릿속에 떠오른 곡을 그저 종이에 받아 적은 것뿐이라고 믿어왔습니다. 왜냐하면 사람들은 모차르트를 음악 천재라고 생각했으니까요. 하지만 그는 끊임없이 수정하고, 다시 쓰고, 몇 달, 몇 년을 숙고하여 작곡을 했습니다. 이처럼 모차르트의 뛰어난 작품 뒤에는 '신중하게 계획된 연습'이 있었던 것입니다.

최근의 한 연구는 모차르트의 영재성을 다시 생각하도록 합니다. 학자들은 피아노 연주자들을 대상으로 '조숙성지수'를 고안합니다. 현대적 교습 방법으로 연습을 시작한 이후 공식적인 초연을 하기까지 걸린 준비기간을 수치화한 것입니다. 연구 결과 모차르트의 조숙성지수는 보통 수준 학생보다 약간 나은 130퍼센트가 나왔습니다. 반면에 20세기의 천재들은 보통 300퍼센트에서 500퍼센트에 이르렀습니다. 어떻게 이런 결과가 나온 것일까요? 무엇이 피아노 실력을 급격하게 업그레이드시킨 것일까요? 20세기의 피아노 천재들이 모차르트보다 뛰어났기 때문일까요? 그것은 훈련법이 한층 개선되었기 때문입니다. 다시 말해 '신중하게 계획된 연습'을 하게 된 덕분입니다.

'신중하게 계획된 연습'은 목표를 향한 뇌신경연결을 이루는 가장 효율적인 반복입니다. 약점은 목표를 이루기 위해 필요한 '뇌신경연결조합'이 약한 부분을 말합니다. 피드백은 목표한 뇌신경연결이 정확하게 자극되고 있는지에 대한 확인입니다.

목표를 위한 뇌신경연결의 약한 부분을 반복 자극하면 필요한 연결이 단단해집니다. 단기연결, 장기연결, 자동연결까지 이루어지면 작은 목표에 이를 수 있습니다. 그러고 나서 다시 약한 부분

(작은 목표)을 찾아 반복 자극합니다. 처음부터 큰 목표를 잡아 계획을 세우기보다는, 목표를 작은 목표로 세분하여 필요한 연결을 이어가는 것이 좋습니다.

반복은 뇌신경을 연결하기 위해 가장 중요합니다. 하지만 같은 반복을 해도 누군가는 실력이 빠르게 향상되고, 누군가는 실력 향상이 더딥니다. 그 간극을 '신중하게 계획된 연습'이 메워줄 것입니다. 신중하게 계획해서 반복하면 목표를 향한 뇌신경연결조합을 효과적으로 만들 수 있습니다. 무엇을 연결할 것인가(약점), 지금 잘 연결되고 있는가(피드백)에 초점을 맞추고 이 과정을 반복해야 합니다.

지금 하고 있는 연결이 목표에 다가가고 있음을 피드백 받았다면 이제 양으로 밀고 나가면 됩니다. 반복이 충분하면 목표를 위한 작은 모듈(목표)은 반드시 만들어집니다. 작은 모듈을 만들었다면 또 다시 필요한 작은 모듈을 찾아내어 목표로 잡고, 단기→장기→자동연결을 이어나갑니다.

이렇게 해서 작은 모듈이 충분히 모이면 최종 목표를 이루기 위한 내적 상태가 됩니다. 물론 경쟁 상대의 실력이 더 발전할 수도 있고, 시험이 어려울 수 있고, 예상하지 못한 변수로 목표를 이루지 못할 수도 있습니다. 그러나 외적 변수는 자신의 영역이 아닙니다. 따라서 내적 성장에 초점을 두어야 합니다.

**신중하게 계획된 연습을 계속해서 반복하다 보면 내적 성장은 반드시 이루어집니다.** 이는 자연의 법칙입니다. 뇌신경연결의 세계에서 모든 반복은 어떻게든 의미를 갖습니다.

**02**
# 약점, 연결해야 할 뇌신경은 무엇인가

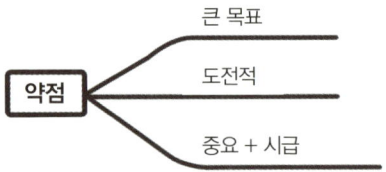

**가장 작은 크기의 뇌신경연결조합의 크기로 약점을 만들어라**

우리는 모두 약점덩어리입니다. 이 세상에 약점 없는 사람은 없습니다. 워렌 버핏은 형광등을 잘 갈지 못하고, 최경주는 야구를 잘하지 못하고, 김연아는 축구를 잘하지 못합니다. 하지만 이는 문제가 되지 않습니다. 이들의 목표가 아니기 때문입니다. 문제는 목표가 불명확한 것이겠죠. 자신이 무엇을 원하는지를 명확히 아는 것은 생각보다 훨씬 중요합니다. 자신이 원하는 것이 분명하다면, 목표를 설정해서 그 목표에 이를 수 있도록 노력하면 될 것입니다.

그렇다면 목표를 설정한다는 것은 무엇을 말하는 것일까요.
목표를 설정한다는 것은 지금의 상태와 목표 상태를 비교하여 목표 상태에 이르지 못하게 하는 부분, 즉 약점을 찾아낸다는 것입니다. 그 약점을 없앤 상태가 목표에 이른 상태겠죠.
약점은 항상 목표에서 바라보아야 합니다. 이렇게 바라보면 지금 나에게 필요한 부분이 명확해집니다. 목표 달성에 필요하지 않은 약점은 약점이 아닙니다. 따라서 교정이 필요하지 않습니다. 항상 목표에서 바라보는 시점으로 약점을 고민해야 합니다.

예컨대 영어를 공부한다면 어떤 영어를 구사해야 하는지부터 시작해야 합니다. 어떤 영어 수준을 목표로 하느냐에 따라 약점은 달라질 테니까요. 영어 소설 읽기가 목표라면 영어 소설을 읽기에는 부족한 나의 문장력, 단어 능력 등이 약점이 될 것입니다.

여행을 위한 의사소통이 목적이라면 부족한 상황별 영어 구사 능력 등이 약점이 되겠지요.

영어 말하기를 목표로 한다면 '말하기'를 반복해야 합니다. 뇌의 영어 말하기 영역은 영어로 말할 때만 자극됩니다. 다양한 상황에서 영어 문장 만드는 연습을 반복해야 합니다. 한 단어를 뱉고, 두 단어 문장을 만들고, 세 단어로 문장을 조합하고, 네 단어로 문장을 만들어야 하는 것이죠. 단어와 단어를 연결하기 위해 머뭇거리고, 답답해질 때가 영어 말하기 영역이 자극되는 순간입니다. 또 머뭇거리고 답답한 순간이 바로 약점 부분입니다. 그 약점을 반복 자극해야 합니다.

골프를 잘 치고 싶다면 어떤 수준으로 골프를 잘 치고 싶은지부터 고민합니다. 프로는 프로답게 약점을 잡고 연습해야 합니다. 아마추어는 아마추어 정도로 약점을 잡아도 됩니다. 또 80점대의 고급 수준을 목표로 한다면 자신의 목표 스코어 향상에 가장 영향을 주고 있는 약점을 찾아내야 합니다.

필요하다면 그 약점을 더 작게 잘라서 더 급하고 중요한 약점을 찾아내야 합니다. 만만한 크기, 하지만 도전적인 크기로 목표 약점을 만드는 것이 좋습니다. 퍼팅이 문제라면 퍼팅을 약점으로 잡습니다. 퍼팅은 다시 롱퍼팅과 숏퍼팅으로 나눌 수 있습니다. 롱퍼팅은 공의 힘이 중요하고, 숏퍼팅은 공의 방향이 중요합니다. 둘 중에 무엇이 약점인가요? 어떤 약점이 더 급하고 중요한가요? 그 약점을 찾아 반복 자극하면 뇌신경연결이 만들어집니다.

기타 연주를 연습할 때는 구간별 연습을 하는 것이 좋습니다. 곡 전체를 잘게 나누어 한 구간만을 연습의 단위로 잡는 것이죠. 이렇게 각 구간의 연습이 모이면 한 곡이 됩니다. 각 구간은 기타 곡 전체의 작은 약점입니다. 각각의 작은 약점은 단기(더듬더듬 연주하는 수준), 장기(생각하면서 연주하는 수준), 자동(생각하지 않고도 자연스럽게 연주하는 수준)을 거치면서 완성됩니다. 작은 약점을 하나씩 보완하면 곡 전체 연주라는 목표가 완성됩니다.

글을 잘 쓰고 싶다면 어떤 종류의, 어떤 수준의 글쓰기가 목표인지를 먼저 고민해야 합니다. 블로그 글쓰기가 목표인지, 책을 쓰는 것이 목표인지, 또 책이라면 수필인지, 전문서적인지, 자기계발서인지를 먼저 고민해야 합니다.

각각의 목표에 따라 약점의 뇌신경연결조합은 달라집니다. '약점을 개선하는 작업'은 시간과 노력이 필요합니다. 목표를 위해 가장 중요한 약점을 우선순위에 두고 시간과 노력을 들여야 합니다.

미국의 가장 위대한 저술가 중의 한 명인 벤저민 프랭클린(Benjamin Flanklin)은 글쓰기를 위한 자신만의 시스템을 개발했습니다. 우선, 모범으로 삼을 만한 글을 하나 정합니다. 그 글을 읽은 후에 자신이 이해한 대로 의미를 기록합니다. 며칠 뒤 글에 대한 기억이 가물가물 해지면 그 기록을 보고는 자신의 문장으로 다시 적습니다. 그리고 나서 모범으로 삼은 글과 자신의 글을 비교해서 실수 또는 약점을 잡아냅니다.

이 과정을 통해서 프랭클린은 어휘가 빈약하다는 약점을 찾아냈습니다. 프랭클린은 이를 극복할 방법을 고민하다가 시 창작이 도움이 될 것으로 생각하고는 좋은 산문을 시로 바꾸는 연습을 했습니다. 또한, 구성의 중요성을 느끼고는 각 문장의 의미를 낱장의 종이에 각각 적었습니다. 그리고 나서 글에 대한 기억이 가물가물 해질 때 낱장의 종이를 배열해 보고, 원래의 글과 비교해 실수를 찾아냈습니다.

프랭클린은 이러한 연습을 끊임없이 반복함으로써 역사적 저술가로 거듭났습니다. 프랭클린의 글쓰기 훈련 방법은 약점을 들추고 피드백을 받으며 반복 또 반복하는 방식입니다. 글쓰기를 위해 '신중하게 계획된 연습'을 했던 것이죠.

## 약점을 중요한 한 가지로 압축하고 정조준하라

약점을 중요한 한 가지로 압축하고 정조준해야 합니다. 모든 것을 한꺼번에 해낼 수는 없으니까요. 주변을 정리하고 한 개의 약점 모듈을 집중 공략해야 합니다. 집중은 뇌신경연결에서 가장 핵심입니다. 집중이라는 말을 다른 말로 풀면 '매일, 자주, 꾸준히, 즐겁게 자극을 준다'는 의미이지요. 모든 약점 모듈을 동시에 집중할 수 없습니다. 우선순위를 정해야 합니다. 목표를 향하는 과정에서 가장 시급하고 가장 중요한 단 하나의 약점 모듈을 찾아야 합니다. 그리고 그 하나의 약점 모듈에 집중해야 합니다.

영어 듣기가 안 될 때 단 하나의 작은 모듈은 무엇일까요? 사람에 따라 다르겠지만 저는 R과 L의 구분이 매우 시급했습니다. 두 발음은 매우 자주 나오는 발음이어서 이를 구분하지 못한다면 영어 듣기가 심각해집니다. 사실 이전에는 이 두 발음을 구분하지 못한다는 것조차도 인식하지 못했습니다. 한 문장씩 듣기 훈련을 하면서 비로소 구분하지 못한다는 것을 알았습니다.

이렇게 목표에 도달하는 데 시급한 약점을 찾는 일은 쉽지 않습니다. 만약 목표에 반드시 필요한 약점 모듈이라면 이를 최우선 약점 모듈로 정하고 반복, 반복, 반복해야 합니다. 지금 저는 R과 L을 잘 구분할 수 있습니다. 약점을 피드백 받으며 반복했기 때문입니다.

목표에서부터 가장 급하고 중요한 약점 모듈을 찾아내고, 그 한 가지에 집중합니다. 선택과 집중은 뇌신경연결에 반드시 필요합니다. 선택과 집중이 없다면 뇌신경연결도 없습니다.

**약점은 다음 세 가지를 만족해야 합니다.**

**1. 목표를 향해야 한다.**
**2. 도전적이어야 한다.**
**3. 중요하고 시급해야 한다.**

## [ 크랩아카데미 4 ] **왜 한 놈인가**

"난 한 놈만 패."

영화 〈주유소 습격사건〉에서 나오는 대사입니다. 배우 유호성의 대사였지요. 수많은 적을 상대하더라도 단 하나에 집중한다는 의미입니다.

우리도 그 '한 놈'에 집중해야 합니다. 큰 목표를 이루는 방법은 수많은 '한 놈'을 찾아 하나씩 하나씩 연결을 이루는 것입니다. 한 번에 '두 놈'을 노리거나, 막무가내로 큰 목표에 바로 뛰어든다면, 그 순간 우리는 목표에서 멀어질 것입니다. 사자는 가장 어리고 약해 보이는 얼룩말(작은 목표)을 찾아내고 그 목표를 향해서 달려듭니다. 제아무리 사자가 동물의 왕이라 불려도 막무가내로 얼룩말의 무리 속으로 뛰어들어서는 사냥에 실패할 수밖에 없습니다. 그러니 다음처럼 해야 합니다.

① 목표를 작은 덩어리로 잘게 나눕니다.

② 잘게 나눈 목표에 우선순위를 정해 당장 연결해야 할 목표 '한 놈'을 정합니다.

③ 그러고는 팹니다.

그럼 큰 목표를 잘게 나누고 한 놈을 정해서 바로 그 한 놈만 팬다는 것은 무슨 의미가 있는 것일까요.

- **반복의 밀도를 높인다.**

뇌신경연결을 위해서는 작은 목표에 집중해야 합니다. 작은 목표로 잘게 나누어 그중 하나에 집중해야 합니다. 아주 작은 하나를 '매일, 자주, 꾸준히, 즐겁게' 반복할 때야 비로소 뇌신경연결이 이루어집니다. 큰 덩어리의 목표는 반복의 밀도를 높이기 어렵습니다. 반복의 단위를 작게 잡을수록 '매일, 자주, 꾸준히, 즐겁게' 해내기 수월합니다. 작은 목표에 초점을 맞추어야 반복의 밀도가 높아집니다.

- **뇌의 변화에 대한 저항감을 낮춘다**

　뇌는 현재의 상태를 유지하려는 관성을 가졌습니다. 지금의 상황이 부정적이라 해도, 또 의도하는 변화가 긍정적이라 해도, 변화 자체가 뇌에게는 스트레스입니다. 뇌는 익숙해져 있다면, 그것이 부정적이든 긍정적이든 지금의 관성으로 계속 가려 합니다.

　그러니 큰 덩어리의 목표를 뇌가 부담스러워 하는 것은 뻔한 일입니다. 이것이 큰 덩어리의 목표를 아주 작게, 뇌가 부담스러워 하지 않는 크기로 잘라야 하는 이유입니다. 이렇게 잘라진 작은 목표는 쉽게 행동으로 이끕니다. 너무도 가볍고 시시해서 헛웃음이 나올 수준이어야 쉽게 변화의 첫걸음을 내딛을 수 있습니다. 뇌가 서서히, 천천히 변화에 젖어들도록 해야 합니다. 작고 작은 크기로 작은 발걸음을 떼도록 해야 합니다.

- **피드백이 빠르고 명확하다**

　큰 목표보다는 작은 목표가 실패와 성공을 쉽고 빠르게 알 수 있습니다. 즉 피드백이 빠르고 명확합니다. 작은 목표는 피드백의 주기가 짧아서 목표를 향한 전략 수정을 빠르게 진행할 수 있습니다. 게다가 성공과 실패가 명확한 미션은 몰입감의 핵심입니다. 성공과 실패가 불분명한 피드백은 긴장감을 만들지 못하지만, 명확한 피드백은 긴장감을 유발하고 몰입감을 만듭니다.

- **성취 경험을 자주 느낄 수 있다**

작은 목표는 쉽게 이룰 수 있습니다. 잦은 성취 경험은 성공 믿음 체계를 만듭니다. 반대로 무력감은 잦은 실패 경험에서 싹틉니다. 실패 경험이 반복되면 마음속에 해도 안 된다는 마음이 세팅됩니다. 따라서 목표를 작게 만들어 성공 경험을 자주 하는 것이 중요합니다. 성공 경험이 모이면 믿음의 체계 또한 바뀝니다. '하면 되는구나'라는 믿음의 체계가 마음속에 만들어집니다.

믿음 또한 뇌신경연결입니다. 성공을 반복하면 성공의 뇌신경연결, 즉 믿음이 만들어집니다.

# 03
# 피드백 : 연결할 뇌신경이 정확히 자극되고 있는가

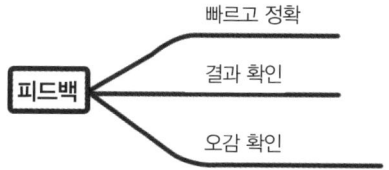

'피드백'은 필요한 뇌신경연결이 정확히 자극되고 있는지에 대한 평가입니다.

테니스를 하면서 탑스핀 포핸드를 연습을 할 때가 있습니다. 탑스핀은 테니스채가 올라가면서 공에 스핀을 거는 기술입니다. 가장 흔하게 사용되는 기술이기 때문에 가장 중요한 기술입니다. 이때의 피드백은 공이 움직이는 모양입니다. 공이 탑스핀을 먹으면 아래로 약간 휘어지고, 바닥을 맞고는 좀 더 앞으로 튕겨나갑니다. 따라서 피드백을 시각으로 확인할 수 있습니다. 그러나 손의 모양을 바꾸고 싶을 때는 공의 모양만으로 피드백하면 안 됩니다. 치고 나서 손의 모양을 체크한다든지 손목의 느낌에 주의를 기울여야 합니다.

피드백은 개선하고자 하는 약점이 잘 개선되고 있는지를 빠르고 정확하게 알 수 있어야 합니다. 뇌신경연결조합이 정확하게 자극돼야 반복이 의미를 갖기 때문입니다. 필요한 뇌신경연결조합이 정확하게 반복 자극되어야 단기→장기→자동연결을 이룰 수 있습니다.

## 피드백은 연결하고자 하는 뇌 부위 자극에 대한 평가

영어 듣기 연습을 위해 아무리 영화를 많이 보고 들어도 듣기 실력이 늘지 않습니다. 무엇을 듣고, 무엇을 못 듣는지를 정확히 알지 못하기 때문입니다. 그렇다면 피드백은 불가능합니다. 피드백이 없다면 실력도 늘지 않습니다.

피드백이 있어야 자신의 약점을 알 수 있고, 약점이 잘 개선되고 있는지 또한 알 수 있습니다. 더불어 강화시키고자 하는 뇌신경연결조합에 정확하게 자극이 되고 있는지를 평가할 수 있습니다.

피드백은 연결하고자 하는 뇌 부위 자극에 대한 평가입니다.

영어문장 받아쓰기 연습은 잘 들리는 것과 잘 들리지 않는 것을 피드백해줍니다. 이때 잘 들리지 않는 것이 자신이 넘어서야 할 약점입니다. 잘 들리지 않는 발음과 문장을 따라 말하며 듣고 또 들으면 관련 듣기 영역의 뇌신경연결이 점점 단단해집니다. 구분이 안 되던 발음이 구분되고, 잘 안 들리던 발음이 서서히 들리기 시작합니다.

춤 연습을 할 때 거울 앞에서 하면 좋습니다. 연습하는 사람은 거울 속 가르침을 잘 따라야 합니다. 거울은 춤동작 하나하나에 즉각적인 피드백을 제공하기 때문입니다. 노래를 잘 하려면 자신의 노래 소리를 잘 들어야 합니다. 훌륭한 가수를 흉내 내고 그 차이점도 피드백해야 합니다. 글쓰기를 연습할 때에는 훌륭한 작가들의 문장과 자신의 문장을 비교해 보아야 합니다. 그 과정에서 자신의 약점을 찾아내고 목표와의 차이점을 피드백해야 합니다. 이를 통해 서서히 그 차이점을 줄여가야 합니다.

프로바둑기사들은 대국이 끝난 뒤 바로 복기를 합니다. 대국이 끝나자마자 머릿속에 맴돌고 있는 수를 다시 불러들여 잘잘못을 따져봅니다. 패했을 때는 물론이고, 승리했을 때도 복기는 어김없이 이루어집니다. 더 좋은 수를 두기 위해 지금의 수에서 피드백을 받는 것이죠. 프로바둑기사들은 끊임없이 잘 된 수, 잘못된 수를 고민하고 머릿속에 정리합니다. 피드백이 쌓이면 한 수 한 수가 더 깊어집니다. 이해가 더 깊어지면 더 고수가 됩니다.

의사들에게는 증례토의 시간이 있습니다. '환자가 어떤 증상으로 입원하였고, 무엇이 의심되어 어떤 검사를 진행하였으며, 검사 결과는 어떠하였고, 따라서 확진은 무엇이었다. 그리고 치료는 어떻게 진행하였으며, 치료 결과는 어찌되었다.' 등등 단계별로 이야기합니다. 진행자는 각 단계별로 감별해야 하는 질환을 묻고, 진행해야 하는 검사를 묻고, 검사 결과에 대한 해석을 묻고, 확정 진단을 묻습니다. 이어 질환에 대한 리뷰를 발표합니다. 이처럼 증례토의는 실제 사례를 각 단계별로 고민하고, 정답을 피드백 받으며 간접 경험을 쌓아나가는 데 큰 도움이 됩니다. 사례가 하나하나 쌓일수록 실력도 쌓여갑니다.

그런데 엉뚱한 뇌신경연결조합이 자극되고 있다면 어떻게 될까요. 아무리 매일, 자주, 꾸준히, 즐겁게 반복을 하더라도 엉뚱한 뇌신경조합이 연결될 것입니다. 목표와 관련된 약점을 개선하기 위해서는 '개선을 위한 반복'을 고민해야 합니다. '개선을 위한 반복'은 피드백이 있어야 가능합니다. '원하지 않는 뇌신경연결'은 아무리 반복하더라도 '원하는 뇌신경연결'을 만들지 못합니다. 피드백은 '원하는 뇌신경연결'이 정확히 자극되도록 돕습니다. '원하는 뇌신경연결'이 정확히 자극되고 있지 않다는 피드백을 받았다면 이를 즉각 반영하여 자극해야 할 뇌신경연결을 다시 찾아야 하고, 자극의 방법이 잘못되었다면 새로운 자극 방법을 찾아내야 합니다.

### 빠르고 정확한 피드백, 느리고 모호한 피드백

빠르고 정확한 피드백은 빠르게 실력 향상으로 이끕니다. 느린 피드백은 느린 실력 향상을 이끕니다. 모호한 피드백은 모호한 실력 향상을 이끕니다.

춤 연습을 하는데 거울에서와 같은 즉각적인 피드백이 아니라

3일쯤 뒤에 춤의 특정 파트에 힘이 없어보였다는 피드백을 받는다면, 이는 실력 향상에 크게 도움이 되지 않습니다. 3일 뒤가 아니라 실시간의 피드백이 주어져야 합니다. 또 '힘이 없어 보인다' 같은 모호한 피드백이 아니라 '특정 포지션에서 이런 모양이 아닌 저런 모양으로 나와야 한다' 같은 구체적인 피드백이 필요합니다.

저는 매일 30분씩 전화영어를 하고 있습니다. 목표는 무의식적으로 말하기입니다. 저는 이 목표를 위해 전화영어에서 가능한 한 많이 말을 하려고 노력합니다. 이때 전화영어 강사의 역할은 피드백입니다. 강사는 제가 이야기하는 영어가 알아들을 수 있는지 알아들을 수 없는지를 바로바로 피드백해줍니다. 30분 동안 저는 최대한 말을 많이 만들어 보려 더듬거립니다. 더듬거림은 더듬거리지 않기 위한 과정입니다. 더듬거리며 말을 만들어 내는 순간순간에 영어 말하기를 위한 뇌신경연결이 강화됩니다. 이때 말을 많이 만들어 내는 것도 중요하지만, 만들어 낸 말이 이해할 수 있는 문장인지를 바로바로 피드백 받는 것이 정말 중요합니다. 이것이 제가 말하기 연습으로 전화영어를 선택한 이유입니다. 틀린 부분을 바로 지적받고 다시 수정하여 말하기를 반복하면 영어 말하기 실력은 빠르게 향상될 수 있습니다.

피드백은 다음의 요소가 필요합니다.

1. 빠르고 정확해야 한다.

2. 결과를 의식적으로 확인할 수 있어야 한다.

3. 시각, 청각, 촉각 등 오감으로 확인할 수 있어야 한다.

# 04
# 반복 :
# 뇌신경이 연결되는가

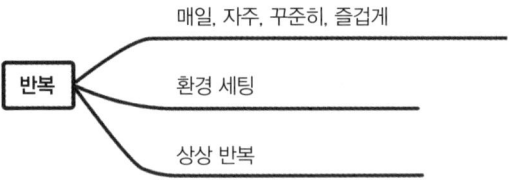

**최고의 반복 시스템, 린 스타트업**

《린 스타트업(Lean Startup)》의 저자 에릭 리스(Eric Ries)는 새로운 제품을 발매하거나 서비스를 시작하기 전에 시장에서의 성공 가능성을 미리 알아보아야 한다고 말합니다. 그러기 위해서 일본

도요타의 '린 제조방식'을 벤처 경영에 접목시킬 것을 주장합니다. 그는 이러한 경영기법을 '린 스타트업'이라고 이름 붙였습니다. 많은 회사들이 그의 말에 동의하며 그 기법을 배우고 있습니다. '린 스타트업' 기법을 요약하면 다음과 같습니다.

새로운 제품이나 서비스에 대한 실험모형을 먼저 만들어서 시장의 반응과 피드백을 받습니다. 이를 바탕으로 다음 실험모형을 만들고 다시 피드백 받습니다. 그러고 또 다시 다음 실험모형을 만듭니다. 이때 중요한 것은 실험모형이 빠르고 저렴해야 한다는 것입니다. 따라서 실험모형은 손으로 그린 스케치가 될 수도 있고, 스티로폼을 이용한 것일 수도 있고, 포스트잇을 이용한 흐름도일 수도 있습니다. 에릭 리스는 이러한 실험모형을 기본이 되는 최소한의 내용만을 담았다는 의미로 '최소 요건 제품(Minimum viable product)'이라고 불렀습니다.

이와 같이 제품을 만들기 위해 돈과 시간을 투입하는 것을 줄이고, 고객 중심의 피드백을 싸고 빠르게 받으며, 제품을 지속적으로 개선해나가는 것이 '린 스타트업' 기법입니다.

과제를 설정하고 가설을 세웁니다. 그리고 물건, 서비스를 만듭니다. 물건, 서비스에 대해 측정을 하고(피드백 받고), 학습을 합니다. 결과를 바탕으로 다시 새 가설을 세우고, 보완된 물건, 서비스를 만들어냅니다.

린 스타트업 방식은 제품에 대한 시장 반응을 반복 테스트하는 것이 핵심입니다. 그러기 위해서는 최소 요건을 갖춘 제품모형을 빠르게 만들고 빠르게 제품에 대해 평가를 받는 것이 중요합니다. 이를 통해 제품의 약점을 파악하고, 개선합니다. 개선된 제품모형을 다시 만들어 시장에 선보이고, 다시 피드백을 받아 약점을 파악하고, 다시 개선합니다. 린 스타트업은 이 과정을 반복하는 방식입니다. 이러한 반복은 결국 더 세련된 제품, 더 세련된 서비스로 이어집니다.

## 브라질 축구는 어떻게 세계 최고가 되었나

브라질 축구는 세계적으로 유명합니다. 축구코치 사이먼 클리포드(Simon Clifford)는 브라질 축구가 강한 이유를 '풋살(futsal)'이라는 운동에서 찾았습니다. 풋살공은 축구공의 절반 크기이고, 무게는 두 배입니다. 한 팀은 5~6명으로 이루어지고, 농구장만한 공간에서 시합을 합니다.

풋살은 축구에 비해 선수가 공을 접할 횟수가 600퍼센트 정도 많습니다. 풋살공은 축구공보다 더 작고 더 무겁기 때문에 축구공보다 더 다루기 어렵습니다. 또 작은 공간에서 적은 인원이 모여서 하는 경기이기에 더 날카롭고 정교하게 패스해야 합니다.

브라질 아이들은 어릴 적부터 압축된 시간과 공간에서 공을 차고 또 찹니다. 공과 고밀도 반복 접촉을 하면서 자연스럽게 세계적 수준의 실력을 가진 축구 선수로 성장해갑니다.

### 몰입은 반복의 밀도가 최고조에 이른 행위

몰입을 세상에 널리 알린 미하이 칙센트미하이 교수는 창의적 인물들을 연구하다가 몰입이라는 현상을 이해하게 됩니다. 그는 한 분야에서 창의적인 업적을 남긴 이들 모두가 자신의 분야에 몰입했다는 사실을 확인했던 것입니다.

몰입은 지금 이 순간의 일에 온 의식을 집중하는 상태입니다.

자아도 잊고, 공간도 잊습니다. 지금의 목표만이 오롯이 남습니다. 몰입을 경험한 이들은 다양한 분야에서 상당한 수준의 업적을 남겼습니다. 축구, 농구, 피아노, 과학, 철학, 음악 등에서 몰입은 우리의 수준을 한 단계 업그레이드하는 힘을 갖습니다. 서울대 재료공학과의 황농문 교수는 생각 자체에 몰입하여 재료공학 분야에서 수십 년 동안 풀지 못했던 난제를 풀어냅니다. 황 교수는 뉴턴이나 아인슈타인 또한 난이도가 상당한 한 문제에 오래오래 몰입한 끝에 커다란 성취를 얻은 것이라고 말합니다.

몰입은 반복의 밀도가 최고조에 이른 행위입니다. 의식을 모조리 지금의 목표에 올인한 상태입니다. 집중된 의식은 고효율의 에너지 상태입니다. '집중된 상태'와 '집중되지 않은 상태'는 머릿속 연결에서 엄청난 차이가 생깁니다. '집중한 공부'와 '집중하지 않은 공부'는 질의 수준이 다르듯이, '몰입한 상태'와 '몰입하지 않은 상태'는 엄청난 차이가 있습니다. 즉 머릿속 뇌신경연결의 수준이 몹시 다릅니다.

또 몰입을 경험하고 나면 기분 좋은 충만감이 찾아옵니다. 테니스 게임에 몰입하면 공을 쫓느라 자아도 잊고, 시공간도 잊게 됩니다. 경기가 끝나면 뒤이어 뿌듯한 충만감이 차오릅니다. 영화가 너무 재미있어서 시간가는 줄 모르게 몰입했다면, 영화가 끝나고 난 후 흥미진진했다는 느낌 때문에 무척 즐겁습니다. 몰입에 뒤이어 오는 충만감은 재미있고 즐거운 느낌입니다. 즐거운 느낌은 또다시 테니스를 치고 싶고, 영화를 보고 싶도록 만듭니다.

결국 몰입은 '반복의 밀도'를 높이고 '반복의 빈도'를 높입니다. 반복하고 반복하면 이내 실력은 쌓이고 또 쌓입니다. 실력이 쌓이고 쌓이면 기존의 내용을 넘어서는 순간을 맞게 됩니다. 즉, 기존의 것을 응용하고 결국 넘어서는 창의적인 순간을 맞게 됩니다.

### 반복은 매일, 자주, 꾸준히, 즐겁게 해야 가장 효과적

뇌신경연결을 위한 반복은 하루에 한두 시간씩 몰아서 하는 것보다, 며칠로 나누어서 자주 반복하는 것이 중요합니다. 내일 있을 시험을 위한 벼락치기 공부는 벼락과 함께 사라져버립니다. 뇌신경연결을 위해서라면 수일에 걸친 여러 번의 반복 세팅으로 바꾸어야 합니다. 하나의 모듈을 향한 집중의 시간이 있어야 목표 모듈의 뇌신경연결이 만들어집니다.

크랩은 세포 하나와 세포 하나를 이어주는 단백질입니다. 이 뇌신경연결의 비밀을 최초로 발견한 에릭 캔델은 뇌신경이 연결되려면 2시간 동안 약 6-7회 정도의 반복이 필요하다고 말합니다. 즉 크랩이 만들어지려면 주기적인 반복이 필요하다는 말입니다.

apple이라는 단어 하나를 외운다면, 에릭 캔델의 연구에 따라 15분마다 5-6회 외우는 것이 효과가 좋을 것입니다. 물론 이렇게 외웠다고 해도 영원한 것은 아닙니다.

그렇다면 apple이라는 단어를 외울 때 몇 개의 뇌신경연결이 관여할까요? 한 개? 두 개? 열 개? 아니면 수만 개? 아쉽지만 지금까지는 정확하게 밝혀진 것이 없습니다. 그러나 분명한 것은 뇌신경연결이 단 한 개만 관여하는 것은 아니라는 겁니다. 수만, 수억 개 정도로 엄청난 숫자일 것입니다. 이때 한 번 자극을 줄 때 모든 세포들이 동시에 자극받지는 못할 것입니다. 결국 반복 자극의 밀도가 높을수록 apple을 외우는 것에 관련된 수많은 뇌신경연결이 자극받을 확률이 높아질 것입니다. 즉, 밀도 높은 반복이어야 관련 뇌신경연결에 자극을 줄 수 있습니다.

만약 목표로 하는 연결이 단기를 넘어 장기, 자동으로 연결하는 과정이라면 밀도 있는 자극이 더욱 필요합니다. 높은 밀도의 반복으로 수많은 뇌신경연결에 자극을 주어야 확률이 높아질 것이니까요. 다르게 말하면 매일, 자주, 꾸준히, 즐겁게 자극의 양을 유지해야 자동연결까지 갈 확률이 높아진다는 것입니다. 이러한 원리는 apple을 외울 때도, 골프를 연습할 때도, 말을 배울 때도, 게임을 익힐 때도, 악기를 배울 때도 똑같이 적용됩니다.

## 반복 세팅을 어떻게 만들 것인가

이 지점에서 고민해야 할 것이 있습니다. 바로 반복의 환경입니다. 매일, 자주, 꾸준히, 즐겁게 반복 자극을 할 수 있는 환경을 어떻게 만들 것인가를 고민해야 합니다. 그런 환경을 만드느냐 만들지 못하느냐는 결과에 큰 차이를 낳을 수밖에 없습니다.

책을 매일 읽으려 한다면 책을 읽을 수 있는 환경을 세팅해야 합니다. 즉 책을 늘 가지고 다니거나 활동 반경 주변에 책이 놓여 있어야 합니다. 골프 그립을 잡는 연습을 하려고 한다면 집이나 사무실에 손만 뻗으면 골프채를 잡을 수 있도록 해야 합니다. 매일 영어 공부를 하고자 한다면 영어학원을 다니는 것도 좋은 방법입니다. 아니면 언제나 가지고 다니는 핸드폰 첫 화면에 영어 관련 어플리케이션을 설치해 놓고 일정한 시간에 공부할 수 있도록 세팅해야 합니다. 이런 환경의 차이가 반복의 차이를 이끕니다. 어떻게 환경을 세팅하면 더 밀도 있게, 더 쉽게 반복할 수 있을지를 고민하고 실행해야 합니다.

### 상상 반복을 충분히 활용하라

또 상상으로 하는 반복을 충분히 활용해야 합니다. 상상 반복은 시간과 장소에 상관없이 언제 어디서든 할 수 있지만, 그 힘은 엄청납니다. 머릿속으로 수학문제를 풀고 있을 때 엄청난 사고력의 뇌신경연결이 이루어집니다. 체스판 없이 머릿속으로 체스를 열심히 두어도 실력이 출중해집니다. 상상의 라운딩을 열심히 돌면 골프 실력 또한 출중해집니다. 공부는 책상이나 학원에서만 할 수 있는 것이 아닙니다. 골프는 필드에서만 할 수 있는 것이 아닙니다. 사업은 열심히 뛰어다닌다고 성과가 나는 것도 아닙니다.

여러 가지 제약으로 부족한 반복의 양을 채울 수 있는 상상 반복을 반드시 이용해야 합니다. 그렇게 세팅해야 합니다. 머릿속 뇌신경연결 모듈을 정확하게 자극하는 상상이라면 언제든 뇌신경연결은 더 단단하게 만들어집니다.

**반복은 다음을 고민해야 합니다.**

**1. 매일, 자주, 꾸준히, 즐겁게 반복할 수 있어야 한다.**
**2. 반복을 쉽고, 밀도 있게 할 수 있도록 환경을 세팅한다.**
**3. 상상 반복을 이용한다.**

# 05
# 시스템 만들기

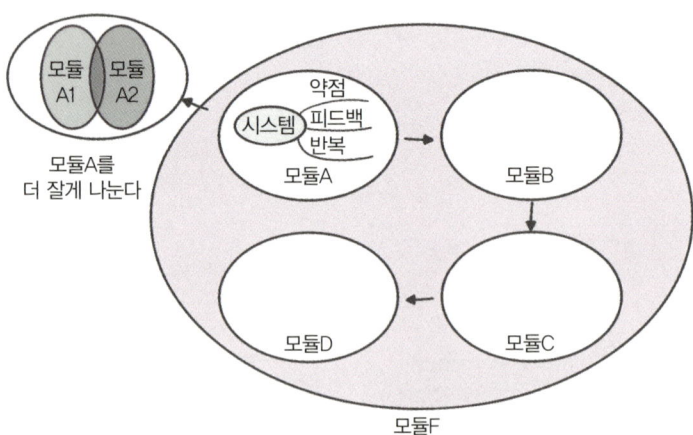

1단계 : 모듈A의 약점, 피드백, 반복의 시스템을 잡는다.

2단계 : 충분히 반복해서 모듈A의 뇌신경연결을 만든다.

3단계 : 모듈A가 만들어지지 않는다면 모듈A의 시스템을 모듈 A1, 모듈A2 등으로 더 정교하게 만든다.

4단계 : 모듈A가 완성되면 모듈B, C, D로 넘어간다.

## 1 • 2단계 : 작은 목표를 잡아 시스템을 세팅한다

작은 목표를 잡아 시스템을 세팅합니다. 즉 작은 약점, 피드백, 반복을 할 수 있는 전략을 짭니다. 작은 약점을, 피드백 받으며, 충분한 양을 반복할 수 있다면, 그 어떤 모듈도 만들 수 있습니다. 이것은 자연의 법칙이라 감히 말할 수 있습니다.

때로는 한 가지 모듈을 위한 시스템을 수년간 지속해야 하는 경우도 있습니다. 예를 들면 영어 말하기 모듈 같은 경우입니다. 그러므로 단어를 연결하는 연습을 지속적으로 반복할 수 있는 시스템이 필요합니다. 전화영어를 활용하든, 스마트폰의 어플리케이션을 활용하든 반복 시스템은 다음 요소를 갖추어야 합니다.

- 약점 덩어리가 충분히 작고 중요한가
- 빠르고 명확하게 피드백을 주는 구조인가

- 반복을 쉽게 지속할 수 있는가

반복 시스템이 이들 요소를 충분히 갖췄다면 이때부터는 양으로 밀고 나가면 됩니다. 경우에 따라서 수일, 수주, 수개월을 넘어 수년이 걸릴 수도 있습니다. 영어 말하기 연습 같은 경우는 시스템이 완벽하다 해도 짧은 시간 안에 성과를 기대하기는 어렵겠죠. 그러나 충분히 작은 크기의 약점을, 충분하게 피드백을 받으면서, 충분하게 반복할 수 있는 시스템이라면, 그저 밀고 나가면 됩니다.

## 3단계 : 시스템을 업그레이드한다

하지만 시스템이 잘 작동되지 않는 경우도 있습니다. 약점 모듈을 너무 크게 잡았거나, 약점 모듈을 적당한 크기로 잡았다 하더라도 피드백이 명확하지 않고 애매하면 원하는 성과를 내기가 어렵습니다. 이럴 때는 시스템을 업그레이드해야 합니다.

예컨대 골프 스윙을 단순하게 한 모듈로 세팅했다면, 시스템이 제대로 작동하지 않을 가능성이 큽니다. 골프 스윙은 너무 큰 모듈이기 때문에 세밀한 자극을 주기가 어렵고 피드백 또한 애매할 수밖에 없습니다. 그럴 때는 더 작게 더 구체적으로 약점 모듈로 나누어 공략해야 합니다. 테이크어웨이, 백스윙, 백스윙탑, 다운스윙, 임팩트, 팔로우스루 등으로 더 작게 나누어 더 구체적이고 명확하게 피드백해야 합니다.

### 4단계 : 다음 중요한 작은 목표를 잡는다

하나의 작은 목표가 단기, 장기, 자동기억 수준으로 만들어졌다면 이제 다음 작은 목표를 잡아서 단기, 장기, 자동기억의 과정을 다시 거칩니다. 어떤가요? 답답한가요? 이렇게 해서 언제 목표에 도달하냐구요? 아닙니다. 이것이 가장 빠르고 가장 확실한 과학의 길입니다. 뇌신경연결의 길에는 요행이 통하지 않습니다. 목표를 잡고 연결하고, 다음 목표를 잡고 또 연결하고, 또 다음 목표를 잡고 또 연결합니다. 이 길만이 목표로 가는 가장 빠르고 확실한 길입니다.

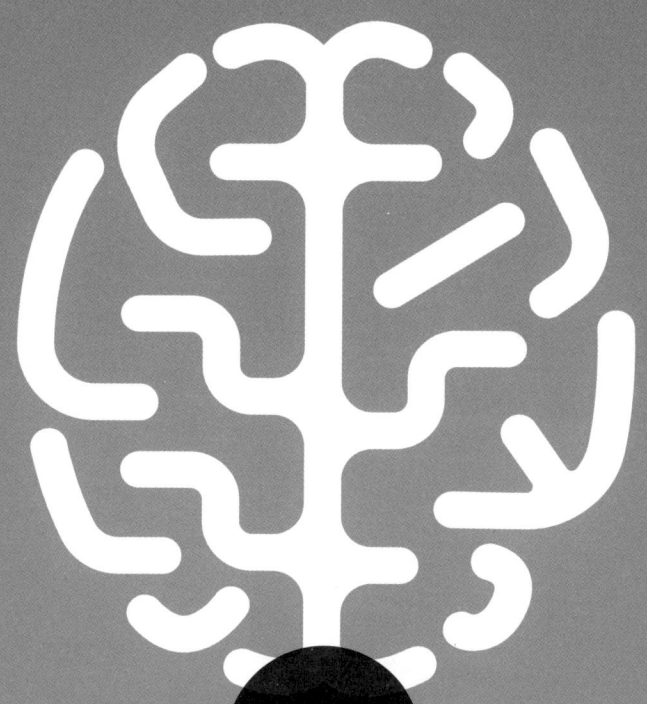

# PART 5

# 뇌신경연결, 실제에 적용하기

**약점은** 큰 목표를 향해 있어야 하며, 너무 크지도 너무 작지도 않은 깰 듯 말 듯한 도전적인 수준이어야 합니다.

**피드백이** 빠르고 정확할수록 뇌신경은 빠르게 연결되고 정교해집니다. 피드백은 성공과 실패가 명확해야 합니다.

**반복은** 매일, 자주, 꾸준히, 즐겁게 할 수 있는 구조여야 합니다.

# 01
# 뇌신경연결, 실제에 적용하기 (intro)

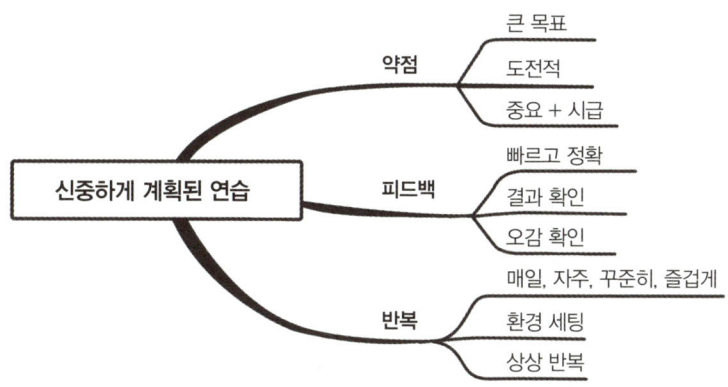

시스템은 약점, 피드백, 반복을 할 수 있는 구조를 말합니다. 큰 목표로 향하는 작은 목표(약점)를 잡고 뇌신경연결을 만듭니다.

**약점은** 큰 목표를 향해 있어야 하며, 너무 크지도 너무 작지도 않은 깰 듯 말 듯한 도전적인 수준이어야 합니다. 또 여러 약점 모듈 중에서 시급하고 중요한 모듈을 먼저 약점으로 잡아 연결합니다.

**피드백이** 빠르고 정확할수록 뇌신경은 빠르게 연결되고 정교해집니다. 피드백은 성공과 실패가 명확해야 합니다. 특히 오감을 이용해서 알 수 있도록 구체적인 피드백이어야 합니다.

**반복은** 매일, 자주, 꾸준히, 즐겁게 할 수 있는 구조여야 합니다. 또한 같은 시간, 같은 반복이라도 밀도가 있어야 합니다.

# 02
# 영어, 나도 모르게 듣고 말하는 뇌신경연결 만들기

영어 공부는 어떻게 시스템을 만들 수 있을까요?

## 영어 말하기 시스템

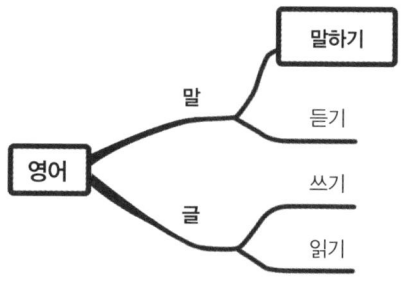

PART 5_ 뇌신경연결, 실제에 적용하기

먼저 영어가 왜 필요한지가 분명해야 합니다. 고등학교 때 저는 대학에 가기 위해서 영어 공부를 했습니다. 대학에 가서는 따로 공부하지 않다가 지금은 영어 강의를 하기 위해서 다시 영어를 공부하고 있습니다. 외국에서 온 의사 몇 분에게 치매 등에 대한 강의를 진행해야 하기 때문입니다.

영어 강의를 하려면 말하기가 가장 중요한 미션입니다. 하지만 영어 말하기는 너무 큰 미션 덩어리입니다. 더 작게 나누어봅니다.

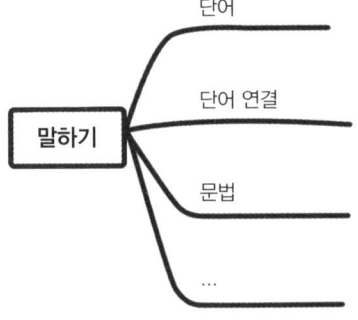

말을 하기 위해서는 단어를 알아야 합니다. 또 단어와 단어를 적절하게 연결해야 합니다. 그리고 단어와 단어의 연결이 문법에 맞아야 합니다.

저에게 단어는 크게 문제가 되지 않았습니다. 단어는 2000자 정도 이상이면 생활영어에 크게 무리가 없고, 강의에 필요한 용어에도 문제가 없습니다. 그렇다면 저에게 제일 중요하고 시급한 문제, 즉 약점은 단어와 단어의 연결에 있습니다.

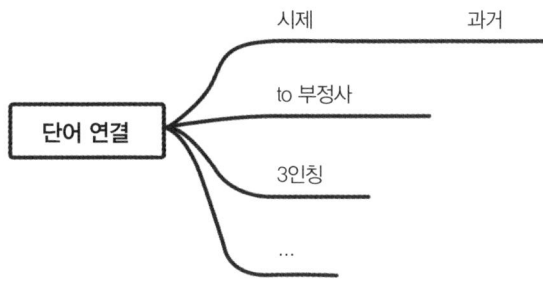

단어 연결을 위해서는 과거, 현재, 미래 등의 시제를 고민해야 합니다. to부정사 등의 어법에도 익숙해져야 합니다. 1인칭, 2인칭, 3인칭 등에 맞는 동사 활용 등도 문장 속에서 익숙해져야 합니다.

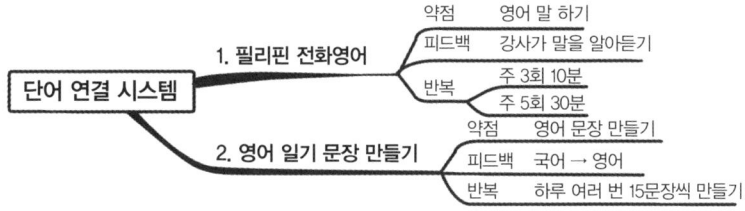

따라서 단어 연결 반복 시스템의 목표는 단어와 단어를 연결하는 연습을 최대한 많이 하는 것입니다.

저는 이를 위해 두 가지 시스템을 고민했습니다. '필리핀 전화영어'와 '영어 일기 문장 만들기'입니다. 이 두 가지 시스템은 간단해 보이지만 많은 고민과 여러 번의 업그레이드 후에야 얻어진 것입니다.

### 1. 필리핀 전화영어

- 약점 : 영어 단어 연결
- 피드백 : 강사가 내가 한 이야기를 알아듣는가?
- 반복 : 주 3회 10분 ―> 주 5회 30분

전화영어의 목표는 영어 말하기입니다. 그중에서도 생각하지 않고 자연스럽게 말하는 것이 목표입니다(약점). 전화영어 강사의 역할은 제가 한 말을 알아듣는 것입니다(피드백). 강사가 제가 한 말을 이해하지 못한다면 저의 말은 어딘가 잘못된 것입니다.

더듬거리더라도 말의 연결에 집중합니다. 더듬거릴 때가 영어 말하기 뇌신경연결이 자극되고 있는 순간입니다. 의식적인 반복 자극이 충분해지면 무의식적 수준으로 말을 만들 수 있습니다. 단기, 장기, 자동기억이 되는 것입니다.

저는 주 3회 10분 정도로 전화영어를 시작했습니다(반복). 하지만 향상이 더디더군요. 약점, 피드백은 잘 작동한다고 판단했습니다. 그렇다면 문제는 반복의 양입니다. 반복을 더 밀도 있게 만드는 것이 필요하다고 생각했습니다. 그래서 시스템의 반복을 주 3회 10분에서 주 5회 30분으로 업그레이드합니다. 지금은 전화영어를 시작했던 2년 전과 비교할 수 없을 정도로 말하기 실력이 늘었습니다. 약점을 자극하는 시스템을 만들었고, 반복 양을 충분하게 채웠기 때문입니다.

제가 영어권 강사의 전화영어가 아닌 필리핀 전화영어를 선택한 이유는, 전화영어의 목표가 피드백을 받으며 말을 많이 하는 것이기 때문입니다. 말을 많이 만들어 해보는 것이 목표였기 때문에 강사의 발음이 중요한 요소가 아니었고 그래서 영어권 강사가 꼭 필요하지 않았습니다.

### 2. 영어 일기 문장 만들기

- 약점 : 어법에 맞는 영어 단어 연결
- 피드백 : 모범 문장과 비교
- 반복 : 하루 2, 3회 15문장 만들기

약점은 어법에 맞는 다양한 문장을 만드는 것입니다. 한국어 문장을 보고 영어 문장을 만듭니다. 만든 영어 문장을 모범 문장과 비교하여 피드백을 받습니다. 반복은 하루 2, 3회 15문장입니다.

이때 문장을 꼭 손으로 쓸 필요가 없습니다. 오히려 자주 손으로 쓰지 않고 머리로 문장을 만드는 것도 좋습니다. 머릿속에서 문장을 만들어보는 것이 손으로 쓰는 것보다 더 많은 문장을 만들어볼 수 있어서 반복을 더 밀도 있게 할 수 있습니다.

이처럼 저는 영어 말하기 반복 시스템으로 두 가지를 함께 진행했습니다. 하나는 무의식적으로 마구 말하기, 다른 하나는 의식적으로 문장 만들기입니다. 목표에 따라 약점, 피드백, 반복의 구조를 시스템으로 만들고, 시스템을 지속적으로 업그레이드를 합니다.

## 영어 듣기 시스템

영어 공부에서 듣기 능력은 필수 모듈입니다.

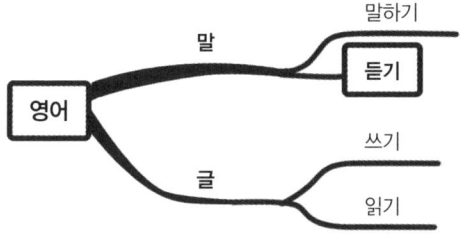

영어 듣기 모듈은 다시 알파벳, 연음, 강세 등의 모듈로 잘게 나눌 수 있습니다.

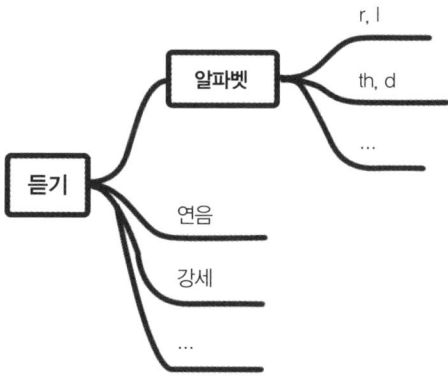

발음은, 특히 한국어에는 없는 r과 l, th와 d 등의 발음은 하나하나 새롭게 연결해야 합니다. 발음의 구분이 어렵다면 발음을 정확하게 연구해서 많이 듣고 따라 하며 반복합니다. r과 l의 각각의 뇌신경연결을 반복하며 단단히 강화시킵니다.

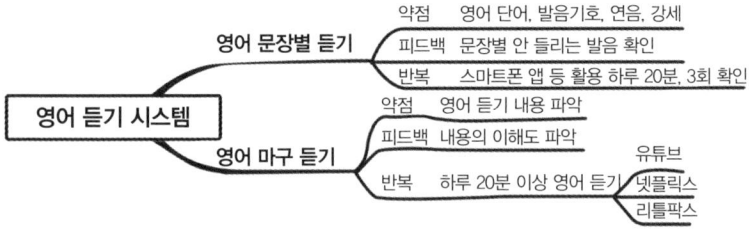

영어 듣기 시스템도 두 가지로 세팅하여 연습했습니다.

### 1. 영어 문장별 듣기

영어 단어 하나하나에 집중해서 발음을 정확하게 듣는 것이 목표입니다(약점). 피드백은 문장에서 듣지 못하는 발음이 있는지를 확인합니다(피드백). 하루 20문장 듣기를 반복합니다(반복). 문장을 읽어주는 스마트폰 어플이 많으니 자신의 수준에 맞는 어플을 찾아서 활용하면 좋습니다.

### 2. 영어 마구 듣기

영어 내용을 파악하는 것을 목표로 합니다(약점). 피드백은 들은 내용을 이해할 수 있는지를 확인합니다(피드백). 하루에 미국

드라마와 영화를 한두 편을 보거나, 영어 강의 등을 봅니다(반복).

영어를 큰 덩어리째로 접근하지 않아야 합니다. 영어를 공부하는 목적을 확실히 하고, 목표를 작은 모듈로 잘게 나누어서 끊임없이 반복할 수 있는 시스템을 만들어야 합니다.

[ 크랩아카데미 5 ] **수학, 사고력을 위한 최고의 시스템**

### 실패 없는 수학은 수학이 아닙니다

수학을 왜 공부할까요? 대학에 가기 위해서? 대학에 가서 써먹으려고? 물론 그런 이유도 있겠지만, 그것 때문만이라면 너무 비생산적인 활동 아닌가요? 초·중·고등 12년을 머리 아프게 숫자와 지지고 볶고 했는데 말이죠.

수학은 논리력을 키우는 최고의 연습 시스템입니다. 수학은 탄탄한 논리력, 사고력을 키울 수 있도록 도와주는 최고의 도구입니다. 또한 미지의 문제를 차분히 뚫는 힘을 기를 수 있는 최고의 세팅입니다. 이것이 수학을 공부하는 진짜 이유이고, 수학이 기본 과목인 이유입니다.

그렇다면 수학 문제를 풀 때 언제 사고력이 좋아질까요? 당연히 사고력은 사고를 할 때 좋아집니다. 축구는 축구를 할 때 실력이 늘고, 영어는 영어를 할 때 늡니다. 물길, 썰매길은 물이 흐르고, 썰매가 지나갈 때 더 깊어지고 넓어집니다. 어떤 뇌 영역을 사용하면 그 뇌 영역은 강화됩니다. 미지의 문제를 뚫는 힘이 좋아지는 순간은 미지의 문제를 뚫고 있을 때입니다.

그러니 수학은 어려운 문제를 풀 때 의미가 있습니다. 답을 바로 알 수 있는 쉬운 문제는 큰 의미가 없습니다. 뻔한 문제는 사고력을 발휘할 기회가 없기 때문입니다. 어려운 문제를 부여잡고 깊게 고민할 때 수학머리가 발달합니다. 어떻게 실마리를 풀어가야 할지 갈피를 못 잡고 답답해 할 때, 답답하지만 다시 뚫으려고 노력할 때, 바로 그 순간 사고력은 날카로워집니다. 미지의 문제를 뚫는 힘이 송곳처럼 날카로워집니다.

이렇게 보면 구구단은 수학이 아니라고 말할 수 있습니다. 단순한 연산 또한 마찬가지입니다. 같은 길을 매번 똑같이 반복하는 것은 수학 하는 것이 아닙니다. 단기, 장기, 자동기억 중에서 자동기억을 사용하는 것입니다. 즉, 생각이 필요 없는 뇌 영역을 사용하는 것입니다. 미지의 공간에서 목표한 곳을 향해 다양하게 시도하고 실패하고 다시 시도하는 과정이 수학입니다. 수학은 실패에서 더 정교한 사고력이 만들어집니다. 실패 없는 수학은 수학이 아닙니다.

물론 공식을 사용해서 풀어야 하는 경우도 있습니다. 공식을 사용하는 능력처럼 자동기억 수준으로 만드는 것이 중요한 순간도 있습니다. 구구단이나 공식을 사용하지 않고 수학 문제를 푸는 것은 어려운 일일지도 모르겠습니다. 그러나 수학의 핵심은 어려운 문제 풀이에 있습니다. 매번 갔던 길을 또 가는 것이 아니라 미지의 공간에서 목표를 향해 시도하고 실패하고 결국 해내는 과정이 중요합니다. 이렇게 해야 수학을 통해 어떤 문제를 뚫는 힘을 기를 수 있습니다.

그렇다면 문제는 얼마나 어려워야 할까요? 문제는 사실 어려우면 어려울수록 좋습니다. 그러니 풀리지 않는 문제일수록 더 좋아해야 합니다. 사고력이 단단해질 기회니까요. 하지만 문제가 너무 어려우면 동기부여의 가장 중요한 모듈이 손상됩니다. 몰입감, 즉 승리감을 느끼지 못한다면 도전을 멈추게 됩니다. 잘못하면 무기력이 학습되고 습관이 될 수 있습니다. 그래서 수준별로 접근하는 것이 좋습니다. 처음에는 약간 쉬운 문제부터 시작해서 점차로 깰 듯 말 듯한 경계의 감정이 들도록 그리고 게임을 하는 기분이 들도록 세팅해가야 합니다.

그러나 동기부여가 전혀 되지 않은 상태라면 답이 바로 나오는 세팅도 때로는 필요합니다. 그러다가 1분, 2분, 3분 등으로 생각 시간이 더 필요한 문제로 조금씩 난이도를 높여갑니다.

결국은 생각하면 문제를 풀 수 있다는 성공 체험을 자주 하는 것이 중요합니다. 만약 너무 어렵다면 적절하게 힌트를 얻습니다. 그러면서 차차 5분, 10분, 20분, 30분 등으로 문제의 난이도를 높여 문제를 풀고, '결국은 아무리 어려운 문제도 생각하면 풀 수 있구나'라는 자신감이 세팅되도록 해야 합니다. 못 풀 거라 생각했던 문제를 풀면 뇌는 짜릿함을 느낍니다. 이런 과정에서 자기효능감(自己效能感, self-efficacy, 자신이 어떤 일을 잘해낼 수 있다는 개인의 신념)의 뇌신경연결 또한 만들어집니다.

저는 아이에게 자주 이야기합니다. 문제의 정답을 맞히는 것이 중요하지 않다고 말입니다. 정답을 맞히려고 생각을 오래하는 것이, 정답을 맞히는 것보다 훨씬 더 중요하다고 말합니다. 정답을 맞히는 것은 생각의 과정이 정확했던 것일 뿐 그 이상도 그 이하도 아니라고 말합니다. 더 중요한 것은 문제를 풀기 위해 바동거리는 것이라고 말합니다. 바동거리는 순간 사고력 뇌신경연결을 쓰고, 결국 사고력 뇌신경연결이 더 강화되고 있는 것이라는 말을 되풀이해서 합니다. 보통은 답을 못 맞히면 좌절합니다. 하지만 이런 실패의 가치를 이해시켜야 합니다. 헛되어 보이는, 아무런 소득이 없어 보이는, 때로는 허무해 보이는 이 바동거리는 시간이 사실 정답을 맞히는 것보다 훨씬 값지다고 말입니다. 적어도 뇌신경연결의 세계에서는 그렇습니다.

미지의 문제를 뚫고, 사물과 사물 이면의 원리를 추리해낼 수 있는 사고력은 삶에 다양하게 도움을 줍니다. 수학은 이러한 보이는 것 이면의 원리를 깨우치도록 돕습니다. 수학은 최고의 사고력 훈련도구입니다. 수학은 사고력을 위한 다음과 같은 몇 가지 훌륭한 시스템적 요소를 만족하기 때문입니다.

- **명확한 피드백 제공**

수학은 사고 과정이 정확했는지를 명확하게 알려줍니다. 정답이 맞았다면 사고의 과정이 정확한 것입니다. 정답이 틀렸다면 과정 어딘가가 틀린 것입니다. 수학 문제 풀이에는 사고의 흐름에 대한 명확한 피드백이 있습니다.

- **쉬운 난이도 조절**

수학은 난이도 조절이 쉽습니다. 게임은 난이도가 생명입니다. 초급부터 중급, 상급으로 게이머를 유도해야 몰입감을 느낄 수 있습니다. 수학은 자신의 수준에 맞는 레벨을 찾기가 쉽습니다.

- **자아효능감을 준다**

오래 생각하면 결국 풀린다는 경험은 자아효능감을 만듭니다. 생각의 힘을 믿게 되고, 생각의 힘도 훈련으로 강화될 수 있다는 믿음이 생깁니다.

**03**
# 골프, 아주 작은 목표를 잡아 자동기억을 만든다

골프는 단순해 보입니다. 쳐야 할 공이 움직이는 것도 아닙니다. 하지만 단순해 보이는 그 이면에 또 다른 세계가 펼쳐집니다. 너무도 미묘한 부분이 많기 때문에, 그리고 자동기억까지 그 미묘한 부분을 연결해야 하기에 뇌신경연결의 작업량이 사실은 꽤 많습니다.

먼저 단순해 보이는 골프를 몇 가지 모듈로 나누어야 합니다.

골프는 보통 네 가지 모듈로 나눕니다. 그리고 그 네 가지 모듈을 각각으로 강화시켜나가도록 합니다.

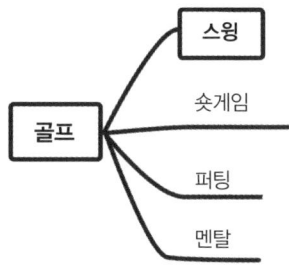

## 그립 잡기

　스윙은 골프의 기본입니다. 처음 골프를 배우기 시작할 때 스윙을 먼저 배웁니다. 스윙의 기본은 골프채 잡기, 즉 그립입니다. 그립은 스윙의 작은 모듈 중 하나입니다. 빠르고 정확하게 골프채를 잡기 위해서는 단기, 장기, 자동기억으로 연결해야 합니다. 골프선수들은 의식하지 않아도 빠르고 정확하게 그립을 잡습니다. 자동기억까지 연결되었기에 가능한 것이지요. 어떻게 자동기억까지 갈 수 있을까요.

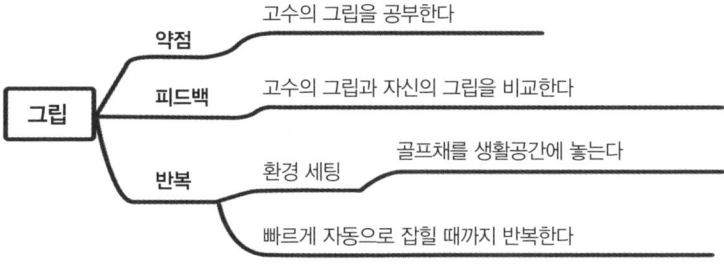

'그립 잡기' 모듈을 위한 시스템을 만들어야 합니다. 약점, 피드백, 반복, 이 세 가지를 고민합니다. 먼저 자신의 그립과 고수의 그립의 비교를 하여 약점을 파악합니다. 그리고 고수의 그립을 사진, 또는 영상으로 공부합니다. 사진 및 영상을 따라서 골프채를 잡아봅니다. 고수의 그립과 같은 모양이면 성공, 그렇지 않다면 실패입니다(피드백). 수차례 그립을 잡고, 놓고, 잡고, 놓고를 반복합니다. 반복의 횟수를 채워야 자동기억이 되기 때문입니다. 생활공간 곳곳에 골프채를 두고 틈나는 대로 그립을 잡으면 기간을 줄일 수 있습니다. 곧 의식하지 않고도 골프채를 제대로 잡는 순간에 이릅니다. '그립 잡기' 모듈 하나가 완성됩니다.

## 스윙

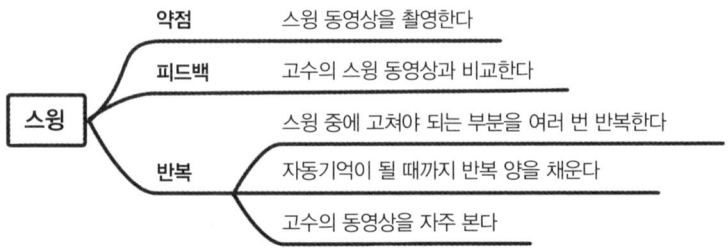

그립 모듈 하나를 완성했다면 스윙으로 진도를 나갑니다. 저는 스윙 연습을 하면서 동영상을 찍었습니다. 그러고는 동영상을 고수의 스윙과 비교 분석해서 차이가 무엇인지를 분석했습니다. 그 차이가 바로 약점입니다. 그 약점에 대한 피드백 구조를 만들어서 스윙이 잘 교정되고 있는지를 반복해서 확인합니다.(동영상 촬영과 동영상 비교분석은 스윙 교정을 위한 약점, 피드백, 반복에 가장 흔하게 사용되는 것입니다.) 제대로 스윙이 교정되었다면, 이제는 반복의 양을 채우면 됩니다. 일상의 공간에 짧은 골프채를 두고 매일, 자주 반복 양을 채우고, 단기, 장기, 자동기억이 될 때까지 반복합니다.

이미지 트레이닝을 활용하는 것도 매우 효과적입니다. 고수의 스윙을 동영상으로 여러 번 보고 또 봅니다. 충분히 본 후에 영상 속 스윙을 머릿속에서 가만히 떠올려 봅니다. 이러한 스윙 영상을 보고 떠올리는 작업을 반복합니다. 상상 연습은 실제 뇌신경연결의 자극이므로 실제 연습과 크게 다르지 않습니다. 상상 연습과 실제 연습을 잘 조합하면 시간과 공간의 제약에서 벗어나서 효과적으로 연습할 수 있습니다.

**퍼팅**

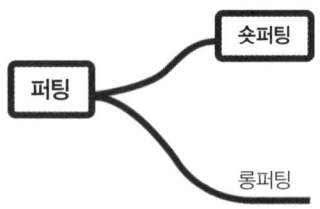

퍼팅은 두 가지 모듈로 나눌 수 있습니다. 숏퍼팅과 롱퍼팅입니다. 모듈을 잘게 자르면 더 구체적이고 정확한 반복을 할 수 있는 시스템을 만들 수 있습니다.

숏퍼팅은 홀에 공을 넣기 위한 퍼팅입니다. 숏퍼팅을 하나의 모듈로 볼 수도 있지만, 더 작게 나눌 수도 있습니다. 똑바로 굴리

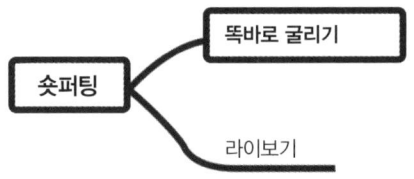

기 모듈과 라이보기(그린의 상태와 기울기를 관찰하고 적용하기) 모듈입니다. 이 두 모듈은 머릿속에서 각기 다른 뇌신경연결조합을 사용합니다. 따라서 두 모듈 각각의 시스템을 만들어야 합니다.

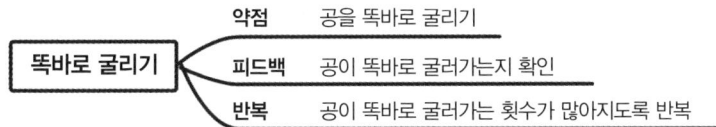

먼저 똑바로 굴리기를 하나의 모듈로 잡고 시스템을 만들어봅니다.

약점은 홀까지 공을 똑바로 굴리기입니다. 기울기가 있는 그린보다는 평지에서 의도한대로 공이 똑바로 굴러가는지를 확인하여 피드백을 받습니다. 그리고 똑바로 굴리기 뇌신경연결조합이 자동기억 수준에 이르도록 반복의 양을 채웁니다.

골프에 입문한 저는 한동안 똑바로 굴리기를 연습했는데요, 문제는 자주 연습장에 나갈 수 없다는 점이었습니다. 그래서 언제든 반복할 수 있는 시스템을 고민하였고, 집에 얇은 담요, 작은 동전 등으로 저만의 반복 시스템을 만들었습니다.

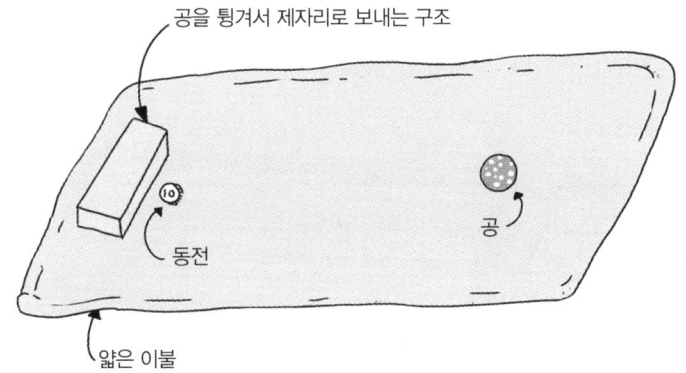

이때 동전 소리가 피드백입니다. 공이 굴러가서 동전을 맞춰 소리가 나면 성공, 소리가 안 나면 실패입니다. 연습장에 나가지 않고도 틈이 날 때마다 공을 굴려 반복의 양을 채웠습니다.

간단해 보이는 이러한 시스템도 사실은 많은 생각과 공부, 다양한 시도와 업그레이드를 통과한 것입니다. 원리를 알면 삶에 다양하게 적용할 수 있습니다.

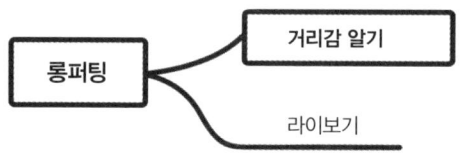

롱퍼팅은 홀에서 멀리 있는 공을 홀 근처로 보내기 위한 퍼팅을 말합니다. 공을 치면서 거리감을 느끼는 것이 롱퍼팅의 핵심입니다. 그 거리감을 바탕으로 그린의 다양한 기울기와 상황에 적용해야 하는 것입니다. 롱퍼팅 또한 두 가지 모듈로 나눌 수 있습니다. 거리감 알기와 라이보기입니다.

| 거리감 알기 | 약점 | 공을 보내는 절대 거리감이 있는지 확인한다 |
| --- | --- | --- |
| | 피드백 | 공이 굴러간 거리를 확인한다 |
| | 반복 | 절대 거리감에 대한 연습 양을 채운다 |

거리감은 골프를 배우면서 저에게 가장 어려운 부분이었습니다. 공을 굴리기 위한 충격 양과 거리에 대한 뇌신경연결조합이 되어 있지 않았기 때문입니다. 저는 거리감 모듈을 위해서 '퍼티스트'라는 기계를 활용했습니다. 시간적, 경제적으로 매일 골프장에 가는 것은 불가능했기 때문입니다. '퍼티스트'가 제공하는 약점, 피드백, 반복 시스템을 활용하여 반복의 양을 채워갔습니다.

골프는 사실 어렵고 힘든 운동입니다. 열심히 한다고 실력이 바로 늘지도 않습니다. 이유는 골프가 약점이 무엇인지 알기 어렵고, 알더라도 고치기 어렵고, 반복 양을 채우기 위한 시간과 비용이 만만치 않기 때문입니다. 따라서 자신의 조건 안에서 반복 시스템을 만들어내는 것이 중요해집니다.

### 에필로그: 연결을 마치며

목표를 향한 여정은 순탄치만은 않을 것입니다. 힘에 부치고, 가도 가도 끝이 보이지 않을 것입니다. 원하는 목표를 향하는 모든 순간은 실패의 기록이 될 것입니다. 목표를 향한다는 것은 지금은 없는 뇌신경연결조합을 만들어 가는 일이기 때문입니다.

수많은 실패와 좌절이 없는 심심한 목표였다면 그것은 잘못된 목표입니다. 어렵고 힘든 목표를 잡아야 합니다. 그리고 목표에서 눈을 떼지 않아야 합니다. 목표를 향한 시선을 거두지 않는다면 목표를 위한 뇌신경은 어떻게든 연결됩니다. 목표를 향하는 모든 순간, 순간은 머릿속에 물길, 눈길을 만듭니다. 보이지 않아도 연결 자극은 머릿속에 길을 만들고 있습니다. 매일, 자주, 꾸준히, 즐겁게 목표를 향했다면, 목표는 분명 다가오고 있을 것입니다.

목표의 크기가 너무 커서 끝내 목표를 이루지 못할 수도 있습니다. 하지만 목표를 향했던 순간, 순간의 바동거림은 머릿속에 흔적을 만듭니다. 목표를 이루지 못했지만, 의지력이 탄탄해졌을 수 있습니다. 동기력이 단단해졌을 수 있습니다. 목표를 향했던 순간의 기록은 또 다른 목표를 위한 순간에 활용됩니다. 뇌신경 연결의 세계에서는 목표를 이루지 못해도 모든 순간이 의미를 남깁니다.

우리는 목표를 향하는 순간 실패를 마주할 것이라 예상해야 합니다. 실패 없는 성공은 너무 작은 심심한 목표였기 때문입니다. 목표를 향한 과정에 실패가 있을 수밖에 없다는 것을 인정해야 합니다. 여정은 직선이 아닙니다. 하는 만큼 성과가 나오는 것도 아닙니다.

목표를 향하는 과정은 직선의 모습이 아닙니다. 길게 보면 우상향이지만, 짧게 보면 오르락내리락하는 롤러코스터 같습니다. 목표를 품고 충분한 시간 동안 그 길을 꾸준히 간다면, 결국 지금과 비교해서 우상향 어딘가에 있을 것입니다. 직선이 아닌 꾸불꾸불 오르락내리락하는 곡선이라는 믿음은 목표를 향해 나아갈 때 내리막을 두려워하지 않도록 돕습니다. 지금 이 순간 내리막

곡선에 있을 때도 우리는 우상향을 믿어야 합니다. 항상 우상향 곡선에 있을 수는 없습니다. 내리막에서도 곡선의 끄트머리 위로 올라가기 위해 매일, 자주, 꾸준히, 즐겁게 반복해야 합니다.

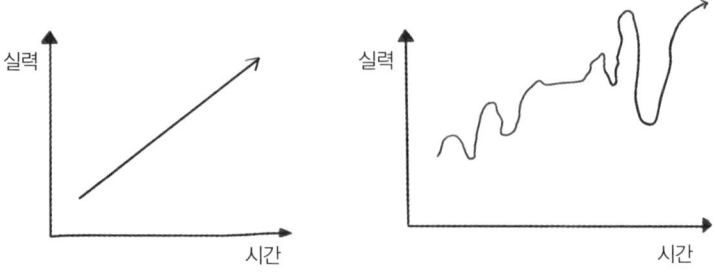

이를 위해서는 믿음의 세계를 견고히 해야 합니다. 나는 무엇을 믿는가? 하면 된다고 믿는가? 더 정확하게는 '하면 뇌신경이 연결된다'고 믿는가? 이처럼 믿음을 다시 점검하고, 자신의 성장에 대한 믿음을 견고히 해야 합니다. 나는 할 수 있다는 '자기효능감'을 깊게 만들어야 합니다. 난 결국 잘 될 거라는 '낙관성'을 만들어야 합니다. 재능과 지능은 향상한다는 '성장마인드셋'을 만들어야 합니다. 시작한 일을 끝까지 해내는 힘, 즉 '그릿'을 만들어야 합니다. 한 가지 일에 빠져들어 반복의 밀도를 최고로 이끄는 '몰입'을 배워야 합니다. 그리고 지금의 노력으로 뇌신경이 연결되고 있다는 '뇌신경연결의 세계' 또한 믿어야 합니다. 이 모든 믿음은 한 가지를 향하도록 돕습니다. 그 한 가지는 '반복'입니다.

목표를 다시 높게 올리고, 동기를 부여하고, 의지를 발화시켜야 합니다. 목표한 곳에 이르기 전에는 끝난 것이 아닙니다. 매일, 자주, 꾸준히, 즐겁게 반복하면 목표한 곳에 지금보다는 가깝게 다가갈 것입니다. 목표에 다가가는 것이 행복입니다. 목표를 달성해야 행복하겠지만, 목표를 향하면서도 행복할 수 있습니다. 행복은 행복하려 해서는 잡기 어렵습니다. 뜻깊은 목표를 찾고 추구하는 몰입의 결과로써 잡을 수 있습니다.

목표에서 눈을 떼지 않는다면 목표성취의 가능성은 커집니다. 목표에 시선을 두고 있다면 의식과 무의식은 목표로 정렬됩니다. 간절한 목표는 뇌 속 깊은 영역을 활성화해 목표를 위한 여러 가지를 자석처럼 끌어들입니다. 극단적으로 말하자면, 이루기 어려운 큰 목표를 세우는 것도 좋습니다. 큰 목표를 이용해 그저 방향성만 제공하는 것도 좋습니다. 높게 솟아있는 산을 보고 간다면 비록 눈앞의 길이 옆으로, 앞뒤로 휘어져 있다 해도 문제없습니다. 언제고 길은 다시 산을 향해 방향을 바꿀 것이며, 산은 저 멀리에서 올바른 방향으로 끌어줄 것입니다.

목표에서 눈을 떼지 않고 충분한 시간 동안 그 길을 간다면, 언제고 그 길 끝에 산 정상을 만날 수 있습니다. 비록 정상이 아니더라도 정상에 조금 더 가깝게, 조금 더 높은 곳에서 아래를 조망할 수 있습니다.

목표에서 눈을 떼지 마십시오.

그리고 재능을 위한 진짜 반복을

반복, 반복, 반복

하시길 빕니다.

### 감사의 글

두 번째 책도 역시 감사한 삶 속 연결에서 이루어졌습니다.

항상 좋은 병원 만들기를 고민하는 윤종철 원장님.

테니스 피드백을 함께하는 최병관 선생님.

골프 입문을 도와주신 강예성 선생님.

무엇이든 열심히 병원 일을 해내시는 백혜원 선생님.

좋은 병원의 뿌리를 만들어주시는 간호사 분들.

다양한 위치에서 음으로 양으로 자리를 지켜주신 병원관계자 분들.

흐뭇한 미소로 항상 지지해주셨던 중앙대 신경과 권오상 과장님.

신경과 전문의로 성장하도록 이끌어주신 중앙대 신경과 윤영철 과장님.

흩어진 구성을 하나로 연결해 주시느라 애쓰신 더메이커 이병일 대표님.

아직 설익었지만 믿고 함께해주었던 크랩아카데미 회원님들.

생각의 작은 모듈을 제공해준 여러 책의 저자 분들.

특히 『몰입』의 저자 황농문 교수님.


사랑하는 부모님.

존경하는 장인 장모님.

항상 든든히 피드백해주는 인생의 벗, 사랑하는 아내.

언제나 그 자체로 목표인 아들.

모두 고맙고, 감사드립니다.


함께 연결되어 주어서…….